中等职业学校
职业素养系列教材

形体训练基础（第二版）

主编 胡凌燕 李京兰

中国教育出版传媒集团
高等教育出版社·北京

致同学们

亲爱的同学们：

当你们拿到这本书时，你们已经跨进了高中时代。相对于初中生活而言，无论是世界观的形成还是人体生理都将会发生很大的变化，你们也更加关注自己的身体，更想了解身体各方面的机能。虽然由于遗传的因素使人的身材不尽相同，但每个人都对形体美有着美好的追求与希望。男同学希望自己身材高大，体形健壮，肌肉发达；女同学希望自己身材匀称、挺拔，曲线优美。高中时期是一个变化大、可塑性强的年龄阶段，如能长期坚持系统、全面、科学的形体练习，可以达到提高肌肉控制力、动作表现力以及协调性、灵活性的锻炼效果，进而全面“雕琢”身体，获得健美的体形、优美的仪态仪表和健康的体魄。形体训练中，在音乐伴奏下进行练习，会把“美”的意蕴有意识地注入练习中，充分体现出韵律美、动态美和静态美的意境，培养同学们懂得如何欣赏美、塑造美的正确审美观。形体训练在塑身健体的同时，还能通过体育锻炼将开朗、豁达、真诚、进取等品格渗透到人的心灵之中。得体的举止、落落大方的仪态，能充分体现出阳光少年蓬勃向上的无限活力。

亲爱的同学们，你想拥有令人羡慕的形体、高雅脱俗的气质吗？那就来参加形体训练吧，它不仅可以使你强壮而健美，还能促进你的智力发展，会使你更加聪明，在良好的艺术氛围中快乐健康地成长。

让我们一起来锻炼吧！加油！加油！

前言

《形体训练基础》自第一次出版至今，已使用了9年，受到广大中职学校教师和学生的认可。为了适应体育教学改革的要求，满足广大师生的学习、发展需求，我们对本书进行了修订。本次修订工作分为两部分：一是更新，将原第二章健美操替换为广受师生欢迎的、易学易练的啦啦操。二是拓展，将原第四章瑜伽进行拓展，章节题目变为“拓展项目”，增加学生感兴趣的普拉提和街舞内容。同时，修订后的教材为新形态教材，全书配备丰富的、有针对性的数字化资源作为拓展知识，帮助教师教学和学生练习。

本次修订注重学练结合。每章的开始都有“学习要点”和“基础知识”，配合“你知道吗？”小贴士板块，解决学生学习的认知问题。在每一节中以图文并茂的方式介绍动作方法和练习要求，并且提供了配套练习音乐节拍和参考曲目，为学生自学自练提供帮助，强调学生主体作用。

本次修订注重文字表述通俗易懂、简明清晰。重点对各个动作进行详细的、准确的描述。既介绍当今流行的一些健身方法，又考虑到使用的对象，在编写时强调学习者的特殊需要，进行内容深度、宽度拓展。同时，本书配备的照片不仅精美、漂亮，而且动作准确、细致，配合文字的表述，能够令学习者赏心悦目，提高学习兴趣。

本次修订注重线上线下同步学习。配备的数字化学习资源内容主要是动作教学视频。能够帮助教师和学生在课外、课余时间自学自练，充分体现了学习的便捷性。

本次修订使教材的基础性、适用性和前沿性都有更强的体现。我们力争教材内容精练，重点突出，资源丰富，使非专业教师也能够通过学习本书内容，经过不断的训练，完成基本的教学。同时，中职学生也能够通过本书自学自练，运用基本技能达到锻炼意志、塑造形体、培养情操的目的。本书适用于各个年级开设必修课，也可以根据学校情况，选择性地在不同年级开设不同内容的选修课。

此次参加修订的作者是来自一线的体育教师和相关行业专家，对书中的四个章节都曾经亲身进行了多轮次的试用。具体编写分工如下：北京教育学院朝阳分院胡凌燕担任主编，负责策划、统稿；北京师范大学朝阳附属学校李京兰担任第二主编，撰写第二章并指导拍摄工作；北京市朝阳区青少年活动中心林颖任副主编，撰写第四章第一节；北京市汽车工程学院常莼撰写第三章；北京市求实职业学校张建鲜撰写第一章；北京市和平街第一中学于露撰写第四章第二、三节，并负责第一章、第三章动作示范；北京市第一零九中学王凯伦负责第二章文字整理和第三章动作示范；北京市金盏学校向雨晴负责第二章和第四章第一、第二节动作示范；北京师范大学朝阳附属学校刘琪同学和朝阳区第二实验小学的欧阳那伦负责第四章第三节街舞动作示范；北京教育学院朝阳分院杨军负责拍摄图片，赵欣负责街舞动作指导；北京教育学院朝阳分院卢凤启、张硕负责摄影。

谨在此感谢各位参编者的努力付出，感谢北京师范大学朝阳附属学校的大力支持。

敬请各地教师在使用过程中提出宝贵意见。

如有反馈意见，请发邮件至 zz_dzyj@pub.hep.cn。

主编

2019 年 3 月

目录 | contents

第一章

形体基础训练

概述

芭蕾舞形体训练和中国古典舞形体训练可以说是所有有关形体运动项目训练的基础，它可以塑造人们优美的体态、优雅的舞姿、高贵典雅的气质，还可以使人身心愉悦，同时也能纠正不良的身体形态。

学习要点

- 了解芭蕾舞形体和中国古典舞形体的基本概念及对塑造形体美的重要意义。
- 掌握芭蕾舞形体、中国古典舞形体训练中的基础动作及练习要求，并能完成和表演成套动作。
- 学会评价形体美、姿态美的方法，培养正确的审美观，提高自身艺术修养。

你知道吗?

1661年，法国国王路易十四下令创办了世界第一所皇家舞蹈学校。并确立了芭蕾舞的5个基本脚位和7个手位。开、绷、直、立是芭蕾舞必须遵循的四大原则。

基础知识

1. 芭蕾舞起源于意大利，兴盛于法国。“芭蕾”一词本是法语“ballet”的音译，而它的词源则是意大利语“balletto”，意为“跳”或“跳舞”。
2. 芭蕾舞形体是由芭蕾舞延伸而来的，沿用了芭蕾舞的“开、绷、直、立”四要素。它以健身和训练形体的美为目的，同时带给你芭蕾舞所特有的高贵与优雅。其动作难度不大，且通过适当的强度训练可以消耗身体多余的脂肪，增强肌肉的耐力和身体的柔韧性，坚持训练能使身体线条优美。
3. 中国古典舞借鉴了芭蕾舞的训练方法，又吸纳了戏曲和武术等具有民族特色的艺术、体育项目的基本功，经过数十年的发展，建立了属于我们民族特有的舞蹈形体训练方法。同样也能塑造出优美的体态，让人感受到身心的愉悦。
4. 练习时着装要轻松，最好穿着体操服或运动装、软底体操鞋或舞蹈鞋。练习场地空间要大，周边没有障碍物。根据自己身体实际状况循序渐进地练习，劳逸结合。

谁是第一个在脚尖上起舞的人?

她就是法籍意大利-瑞典血统的玛丽·塔里奥妮。

芭蕾舞等于脚尖舞吗?

准确地说芭蕾舞并不完全等于脚尖舞。绝大多数的男舞者是从不穿脚尖鞋跳舞的，所以显然不能说他们跳的不是芭蕾舞。

第一节　芭蕾舞形体训练

概述

本节所学内容是芭蕾舞基本功中的形体训练，学会基础动作，了解有关芭蕾舞的基本知识及动作的运动规律路线、方法、练习要求等。学会简单的组合动作，便于自己练习。优美的音乐可以陶冶情操、增强练习乐趣，通过日积月累的锻炼你会感到身体变得柔韧、肌肉富有弹性、脸色光泽红润、精神饱满、体态挺拔、身材修长而健美、自信心倍增。

学习目标

- 学习并掌握基础动作。
- 拉伸身体各关节及韧带，促进身体的正常发育。
- 通过音乐伴奏进行练习，不仅使心情舒畅，而且能缓解因某些动作在练习中带来的不适，同时还能培养坚韧不拔的毅力。

学法提示

1. 充分做好准备活动，使肌肉、关节、韧带放松，身体发热，充分调动起学习的热情。
2. 在教师的指导之下，了解动作的规格、要领、特点、运动规律、动作路线，通过启发、想象使动作更利于记忆。
3. 采用多种练习方法：讲解—示范、分解—完整、整体练习—分解练习、集中练习—分散练习等。
4. 进行合作式、探究式学习，锻炼思维能力、创造力和表现力。

你知道吗?

在学习的过程中应从始至终保持基本站姿体态，使自己养成好的体态习惯。它是达到优美体态的基础体态，经过一段时间的训练，你的体态就会显得优雅、高贵、挺拔，更加充满青春与活力。

实践与练习

一、基础动作

（一）徒手练习

1. 基本站姿

双脚并拢，重心落于两脚中间，两腿夹紧直膝并拢，提臀，提胯，收腹，立腰，直后背，沉肩，双手自然下垂，颈伸直，感觉自己“头顶天、脚踩地”，形成身体被上下拉长的感觉。

身体方位

身体方位也可称为舞台方位。在形体训练中，它的作用是固定学习者身体站位、步伐走向、手臂路线。训练时应以站在教室（舞台）的正前方为1方位或为1点，每向右转动45° 就增加1点，依次右转共8点：

8	1	2
7		3
6	5	4

基本站姿

2. 芭蕾舞脚位

（1）脚的形态——绷脚

···· 脚背向上绷起，脚踝用力伸直，脚尖用力下压，与小腿部形成一条直线。

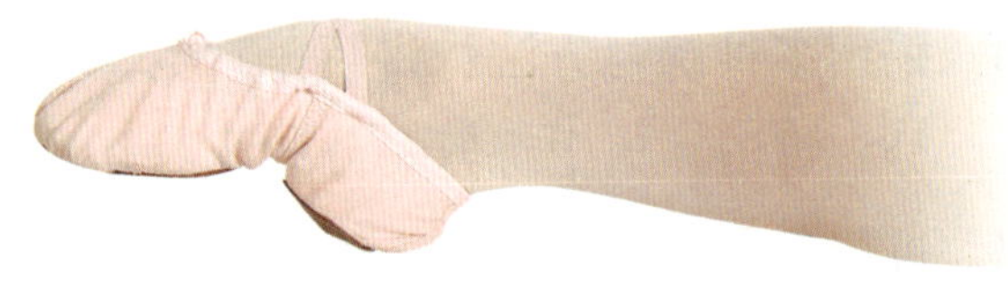

绷脚

你知道吗？

芭蕾舞是有脚位的，有些人的自然开度好，有些人的开度不好，但只要坚持不懈地练习，都能完全打开。

（2）脚位

···· 一位脚：双脚脚跟并拢，脚尖外展，与脚跟在一条水平线上。

···· 二位脚：在一位脚的基础上，双脚分开，两脚跟距离一脚远。

···· 三位脚：在二位脚的基础上，移重心至一条腿（主力腿），另一腿（动力腿）的脚跟放在主力腿脚掌的中间，前脚遮住后脚的一半，双脚贴紧。

···· 四位脚：在三位脚的基础上，动力腿向前移至与主力腿相隔一个竖脚的距离。

···· 五位脚：在四位脚的基础上，动力腿脚跟移至主力腿脚尖处，双脚贴紧。

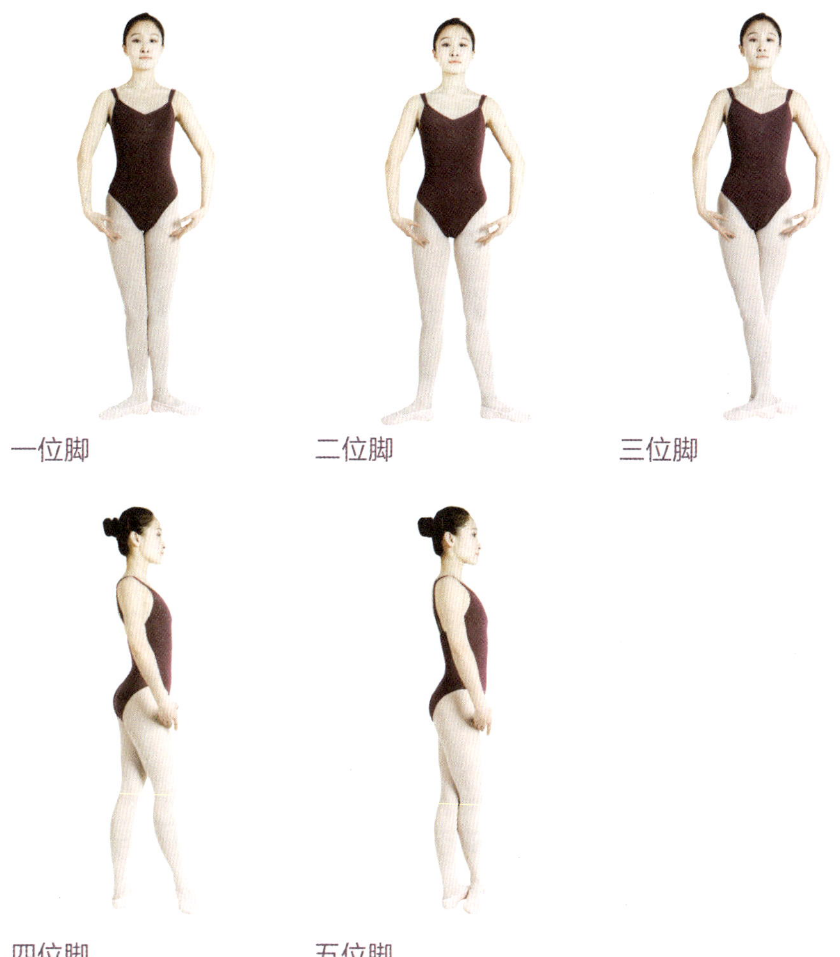

一位脚　　二位脚　　三位脚

四位脚　　五位脚

3. 芭蕾舞手形与手位

（1）手形

····大拇指向手心内压，食指外翘，后三指轻轻靠拢。

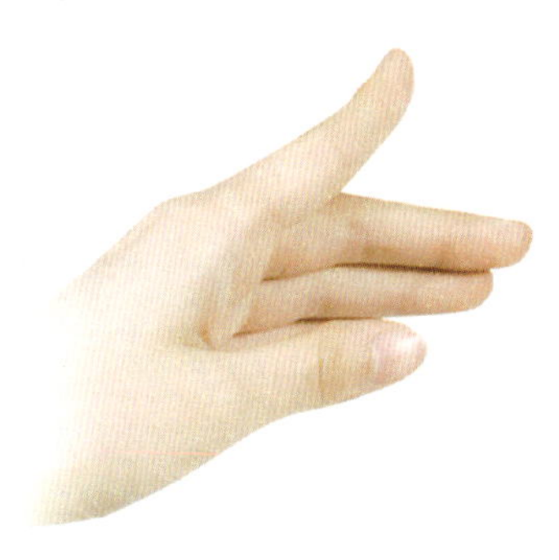
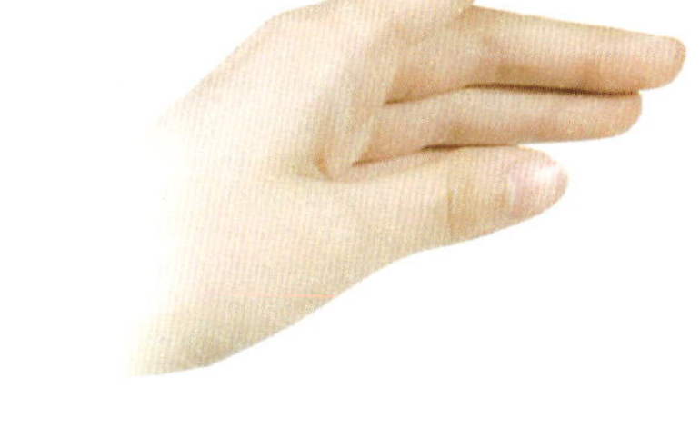
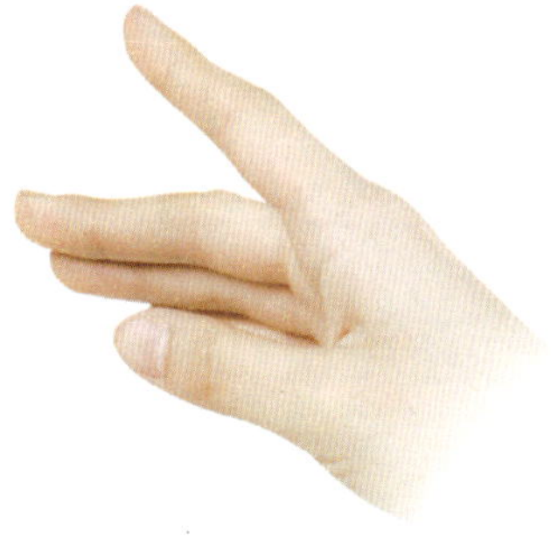

手形

席间芭蕾舞是怎么回事？

法国贵族对包括舞蹈在内的各种表演都颇有兴致。他们在宴会上，要邀请街头艺人表演各种节目，这些节目安排在宴席中各种大菜上桌之前，为的是转移大家的注意力，由此产生了席间芭蕾舞。

幕间芭蕾是怎么回事？

1661年，在法国宫廷的庆祝活动中，著名喜剧作家莫里哀推出了自己的喜剧作品，由于演员不够，所以邀请宫廷作曲家和芭蕾大师让·巴蒂斯特·吕利为该剧的幕与幕间增添了几段芭蕾，幕间芭蕾由此应运而生。

(2)手位

···· 在基本站姿的基础上一位脚打开。

···· 一位手：双手置于体前，肩、大臂、肘、小臂、手腕、指尖呈一个半弧形，手心向上，两手间距离约10厘米。双手的小拇指不要贴在大腿上。眼睛平视前方。

···· 二位手：在一位手的基础上，上肢动作保持不变，上抬至腹前。眼看左手或右手。

···· 三位手：在二位手的基础上，手臂继续上抬停于头上方，眼睛看小拇指的外沿，手心向下。

···· 四位手：一只手保持三位手，另一只手从三位手以小拇指带领向下切至二位手。眼随手移。

···· 五位手：在四位手的基础上，二位手的手臂向体旁打开，手心向前。眼随手移。

···· 六位手：在五位手的基础上，三位手的手臂向下切至二位手，手心向内。眼随手移。

···· 七位手：在六位手的基础上，二位手的手臂打开至体旁，两臂与身体形呈一个弧形，双手手心向前。眼随手移。

你知道吗?

芭蕾舞是有手位的，学习这些手位是为今后学习手臂各种姿态及路线奠定基础的，所以请大家认真学习，掌握动作的方法。

一位手　　二位手　　三位手

四位手　五位手　六位手

七位手

练习方法

- 预备姿势练习：面对镜子，听音乐4×8拍练习基本站姿。
- 5种脚位练习：各练习1×8拍×3~5遍。
- 5种脚位巩固练习：各种顺序反复练习。
- 绷脚练习：坐在地面两腿伸直绷脚。练习1×8拍×4遍。
- 芭蕾舞手形、手位练习：面对镜子直立练习手形，然后练习芭蕾舞手位。
- 各种动作串联起来配合音乐反复练习，每个手位动作练习1×8拍×3~5遍。

参考曲目

····《茉莉花》

（二）把杆练习

···· 音乐节奏：2/4或4/4。

1. 扶把

（1）单手扶把

···· 身体侧对把杆站立，距离把杆一脚，一手轻扶把杆，肘关节下垂于身体侧前，另一手臂为一位手。

（2）双手扶把

···· 身体面对把杆站立，距离把杆一脚，双手轻放于把杆上，两手间距离与肩同宽，双肘下垂。

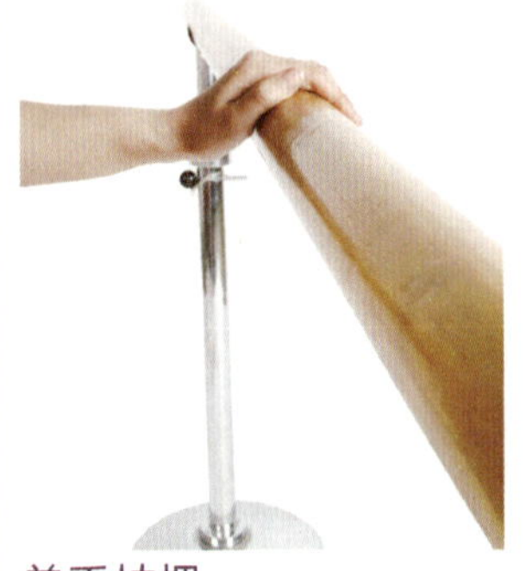

单手扶把

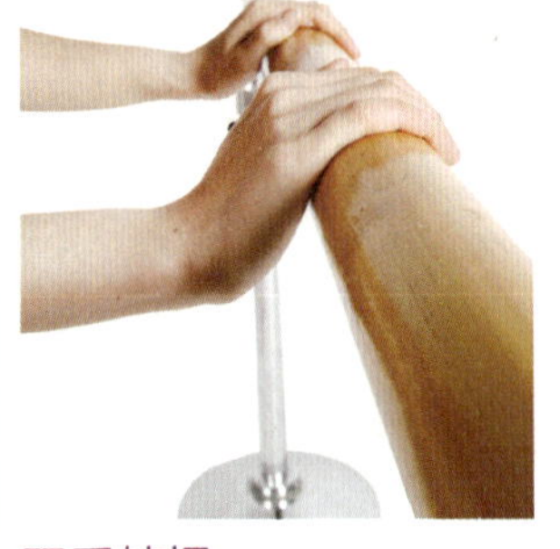

双手扶把

2. 一位蹲

一位蹲

···· 准备动作：双手扶把，一位脚站立。

···· 1—4拍：向下半蹲，膝盖尽量向两侧外展，脚跟不要抬起。

···· 5—8拍：身体向上慢起，两腿伸直收紧。

···· 9—16拍：慢慢下蹲，直至脚跟被迫抬起（全蹲）。

···· 17—24拍：先压脚跟，慢慢起立后两腿伸直收紧。

···· 25—32拍：重复1—8拍动作。

···· 33—40拍：重复9—16拍动作。

···· 41—48拍：重复17—24拍动作。

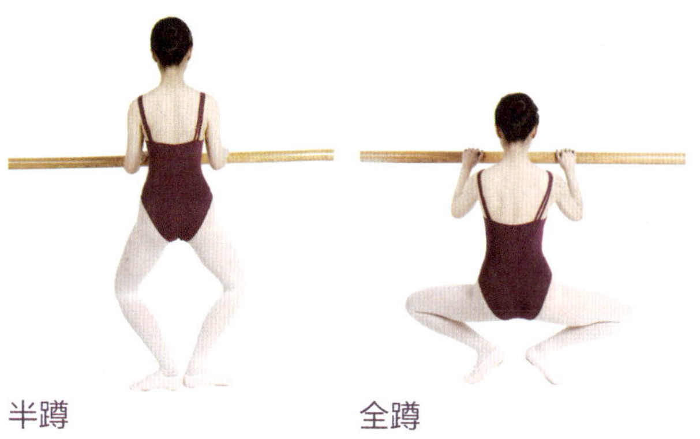

半蹲　　全蹲

注意：在下蹲与起立的整个过程中，头、颈、肩、背、臀、脚跟始终保持在一条垂直线上。

3. 一位擦地

···· 准备动作：双手扶把，一位脚站立，前奏时，重心移至单腿。

···· 1—2拍：向旁擦出。

···· 3—4拍：保持动作不变。

···· 5—6拍：收回。

···· 7—8拍：保持动作不变。

···· 9—16拍：重复1—8拍动作。

···· 17—18拍：向前擦出。

···· 19—20拍：保持动作不变。

···· 21—22拍：收回。

···· 23—24拍：保持动作不变。

···· 25—32拍：重复17—24拍动作。

···· 33—34拍：向后擦出。

···· 35—36拍：保持动作不变。

···· 37—38拍：收回。

···· 39—40拍：保持动作不变。

···· 41—48拍：重复33—40拍动作。

你知道吗？

有人说，舞蹈是艺术的皇冠，而芭蕾则是这皇冠上的明珠。文艺复兴时期产生于意大利的古典芭蕾舞，曾繁荣于法兰西，鼎盛于俄罗斯，然后点缀于欧美各国及亚、非、澳、拉美。古典芭蕾舞的确在19世纪末完成了它自身形态建构的使命并形成了诸多的流派，如意大利派的简劲、法国派的妩媚、丹麦派的轻盈、俄罗斯派的豪放、英国派的潇洒。作为最具世界性的舞蹈艺术，古典芭蕾舞那科学的人体运动法则和典雅的审美风貌具有永恒的魅力。

一位擦地

你知道吗？

擦地时，全脚掌与地面摩擦后向前、旁、后直腿绷脚擦出并脚尖点地，收回时也要经全脚掌与地面摩擦。

腿部的踢出仿佛像离弦的箭——直、快，有力量，有爆发力，动感十足。

为什么不把一位擦地和一位脚小踢腿称为别的名字呢？把杆一位擦地与一位脚小踢腿有什么关系呢？是先学小踢腿好还是先学擦地好呢？

一位脚小踢腿

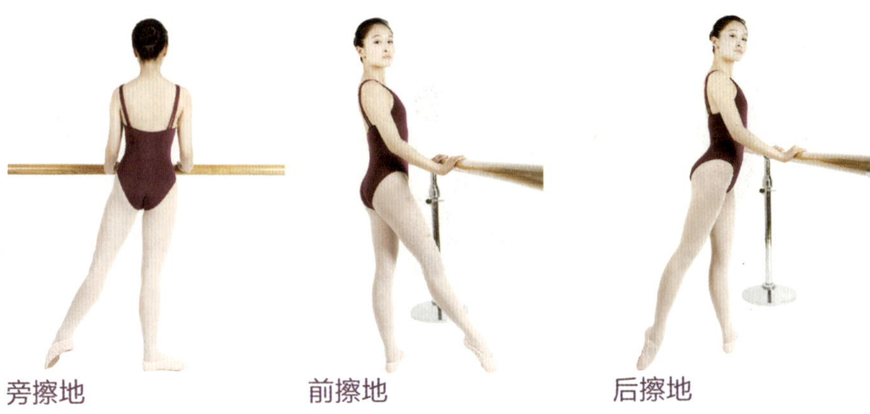

旁擦地　　前擦地　　后擦地

注意：擦地练习时，重心始终保持在主力腿上，身体始终保持直立不能晃动，向旁擦地头向前，向前擦地头向动力腿侧前，向后擦地头向动力腿的反方侧前。

4. 一位脚小踢腿

···· 准备动作：双手扶把，一位脚站立，前奏时，重心移至单腿。

···· 1—4拍：向旁绷脚擦出。

···· 5—6拍：动力腿离地抬起。

···· 7—8拍：脚尖点地。

···· 9—12拍：擦地收回。

···· 13—16拍：保持动作不变。

注意：1—16拍为小踢腿分解动作。

准备动作　　1—4拍

5—6拍　　7—8拍　　9—12拍

····17—32拍：重复1—16拍动作。

····33—36拍：33拍旁腿踢出，34—45拍控制，36拍经擦地收回。

····37—40拍：37拍向旁小踢，38拍点地，39拍动力腿离地抬起，40拍擦地快速收回。

注意：33—40拍为小踢腿连贯动作。

练习方法

- 扶把练习：一位脚站立，单手扶把练习1×8拍×2遍；双手扶把练习1×8拍×2遍。
- 一位蹲练习：双手扶把，一位脚站立，自己喊口令练习蹲、起各4拍，共4次，配合音乐按学习内容及节拍要求反复练习。
- 一位擦地练习：双手扶把，一位脚站立，右脚练习前擦地1×8拍、旁擦地1×8拍、后擦地1×8拍，重复2次；左脚动作顺序及节奏同右脚。配合音乐按学习内容及节拍要求左右脚反复练习。
- 一位脚小踢腿练习：双手扶把，一位脚站立练习小踢腿分解动作2×8拍×4遍；小踢腿连贯动作2×8拍×4遍。配合音乐按照学习内容及节拍要求反复练习。

参考曲目

····《我爱你塞北的雪》《当兵的人》

不同的历史阶段出现了哪6种形式的芭蕾?

总结芭蕾发展史，我们会清晰地发现，芭蕾的雏形不是后世这样一种相当独立的舞剧或者舞蹈形式，而是先后出现在贵族们的宴席、剧场中的喜剧和歌剧演出中。按照历史的沿革分别为席间芭蕾、幕间芭蕾、喜剧芭蕾、歌剧芭蕾、独立的芭蕾及芭蕾歌剧6种形式。

（三）柔韧训练

···· 音乐节奏：2/4或4/4。

1. 头部与颈部练习

···· 准备动作：双腿盘坐，双手扶膝盖。

···· 1—4拍：向前低头。

···· 5—8拍：向后仰头。

···· 9—12拍：向左侧摆。

···· 13—16拍：向右侧摆。

···· 17—24拍：反向练习仰头、低头、向右侧摆、向左侧摆，2拍一动。

···· 25—32拍：顺时针转头。

···· 33—40拍：逆时针转头。

准备动作　1—4拍　5—8拍　9—12拍

13—16拍　17—18拍　19—20拍　21—22拍

23—24拍　25—26拍　27—28拍　29—30拍

早期的芭蕾代表人物

早期芭蕾的代表人物让·多贝尔于1789年推出的芭蕾舞剧《关不住的女儿》至今仍活跃在世界的舞台上。

浪漫芭蕾的代表人物

萨尔瓦托雷·维加诺是意大利著名的芭蕾编导家，他一生创作了大量的芭蕾舞剧，并活跃在欧洲各大名城的舞台上，为早期芭蕾向浪漫芭蕾过渡发挥了承上启下的桥梁作用。

卡洛·布拉西斯是意大利著名的芭蕾编导家，是19世纪最重要的芭蕾教育家。

31拍　32拍　33—34拍　35—36拍

37—38拍　39 拍　40 拍

压腿应注意的地方

1. 把杆压腿的初学者要把握身体的平衡，主力腿站稳，避免摔倒。

2. 轻柔不要过度用力，防止肌肉韧带拉伤。

3. 压腿时间宜在5分钟左右。

4. 压腿练习后，踢一踢腿，放松肌肉。

2. 肩部练习

····双腿分开，双手手臂伸直放于把杆上，与肩同宽，上身前倾向下压肩，下压时头部和脊柱都要放松，一拍一动，能够感觉到肩部韧带被拉长。

肩部练习

3. 腿部练习

（1）正压腿

····准备动作：右腿绷脚放于把杆上，重心在主力腿上，同时身体外展，左手扶右膝，右手三位手。

你知道吗？

在最初压腿时会有一种疼、酸的感觉，很难受，而且腿部特别不容易伸直，这是因为腿部韧带太紧了。怎么办呢？应先注意膝关节和腿部动作一定要规范，慢慢地进行，在保持一个极限姿势30秒后，休息几秒钟，再保持这个姿势。长期下来就会有非常大的进步，千万不要急于求成。

···· 1—8拍：1—4拍上体向前下压，双手前伸抱脚，5—8拍保持不动。

···· 9—12拍：9—10拍上体还原，11—12拍保持不动。

···· 13—20拍：重复1—8拍动作。

···· 21—24拍：重复9—12拍动作。

···· 25—28拍：25—26拍上体向前下压，27—28拍上体还原。

···· 29—32拍：重复25—28拍动作。

···· 33—36拍：一拍一动，动作同上。

准备动作　　正压腿

（2）旁压腿

···· 准备动作：左腿为主力腿，右腿放于把杆上，右手扶右膝，左手三位手。节拍和动作的顺序同正压腿。

准备动作　　旁压腿

（3）后压腿

····准备动作：右手扶把，左手三位手，左腿放于把杆上。

····1—4拍：主力腿下蹲。

····5—8拍：主力腿起，还原。

····9—16拍：重复1—8拍动作。

····17—20拍：上体后屈。

····21—24拍：控制不动。

····25—28拍：上体还原。

····29—32拍：控制不动。

准备动作　　主力腿下蹲压腿　　上体后屈

4. 腰部练习

（1）前俯腰

····准备动作：并步站立，两腿挺膝夹紧，双手三位手。

····1—8拍：手随身体慢慢向下，两手撑地，头部贴紧双腿，充分伸展腰背部。

····9—16拍：控制不动。

····17—24拍：慢慢起立还原至起始动作。

····25—32拍：重复1—8拍动作。

····33—40拍：33—34拍上体快速起立还原至起始动作，35—36拍上体快速向下两手撑地，37—38拍控制不动，39—40拍上体快速起立还原至起始动作。

你知道吗?

腰部训练要因人而异，循序渐进，不能强求腰要弯到哪，手要触到哪。有的人不用训练自身柔韧性就特好，有的人则特差，要求标准都一样是不可能的，只要尽力了，就能达到健身、塑形的效果。

如果想达到后腰练习的预期效果，你知道与我们之前练习的哪项活动有关吗？练一练好好体会一下。

准备动作　前俯腰

（2）后腰

···· 准备动作：双脚与肩同宽站立，双手扶把。

···· 1—8拍：向后下腰到最大程度，膝关节尽量伸直，身体摆正。

···· 9—16拍：向后颤腰。

···· 17—24拍：慢慢还原至起始动作。动作依次为腰椎、胸椎、颈、头。

你知道吗？

最初练习旁腰时会感到两侧腰肌疼痛，经过长时间的练习，肌肉韧带得到充分拉伸后，这样的疼痛感会逐渐消失。

准备动作　1—8拍

9—16拍

注意：重复同一动作直至熟练掌握后才可手离把杆，要做好保护，避免向后下腰时腿部、腹部缺乏力量而摔倒造成不必要的伤害。

（3）旁腰

···· 准备动作：一位脚站立，侧向把杆，内侧手扶把，外侧手三位手。

···· 1—8拍：身体向外侧拉伸，外侧的三位手慢慢去找内侧的手，内侧手臂伸直。

···· 9—14拍：身体和手慢慢回到起始动作。

···· 15—16拍：保持不动。

准备动作

旁腰

5. 胯部练习

在地面坐好，双腿伸直、绷脚、打开，双手向前伸展，身体与手臂尽量触地，胯部打开的程度越大越好。

注意：根据自身情况量力而行，要循序渐进练习。

胯部练习

喜剧芭蕾是怎么回事?

芭蕾与喜剧的相互需要导致了密切的合作，从而出现了互补的结果，既增加了喜剧的观赏性，又强化了芭蕾的戏剧性，由此创作出了喜剧芭蕾这样的表演形式。

练习方法

- 头部与颈部练习：站立或盘坐分解练习，按动作顺序，正反两面各练习2遍，配合音乐练习连贯动作2遍。
- 肩部练习：压肩一拍一动8次、2拍一动8次，反复练习8遍。
- 腿部练习：按学习内容及节拍要求，配合音乐两腿交替练习各3遍。
- 腰部练习：按学习内容及节拍要求反复练习3遍。
- 胯部练习：坐于地面，两腿向两侧伸直，身体与手臂向前下方伸展2×8拍，身体还原1×8拍，反复练习多次。

参考曲目

····《蓝色多瑙河》《我爱你塞北的雪》《高天上流云》《茉莉花》

二、组合动作

···· 音乐节奏：2/4或4/4。

手位组合

（一）手位组合

···· 准备动作：一位脚，一位手，身向1点。

···· 1—4拍：脚不动，双手从一位手到二位手。

···· 5—8拍：双手打开至七位手。

···· 9—10拍：左手不动，右手从七位手到三位手形成五位手。

···· 11—12拍：向左侧旁腰。

···· 13—14拍：身体还原，五位手。

···· 15—16拍：双手打开至七位手。

···· 17—18拍：右手不动，左手从七位手至三位手形成五位手。

···· 19—20拍：向右侧旁腰。

···· 21—22拍：身体还原，五位手。

···· 23—24拍：双手打开至七位手。

···· 25—28拍：双手从七位手到三位手。

····29—32拍：双手到二位手的同时身体前俯腰，后背要直。

····33—36拍：身体还原立直，双手三位手。

····37—40拍：向后下胸腰，双手保持三位手。

····41—44拍：身体还原立直。

····45—48拍：双手打开至七位手。

····49—52拍：双手还原至一位手，整个动作完成。左右手交替练习。

准备动作　1—4拍　5—8拍

9—10拍　11—12拍　13—14拍

15—16拍　17—18拍　19—20拍

芭蕾舞四大审美原则产生的影响

开、绷、直、立四大审美原则对许多运动和舞蹈产生了广泛的影响。

1. 芭蕾舞成为年轻贵族们行为举止的必修课。

2. 芭蕾舞作为多种体育运动项目的辅助课程，如跳水运动、体操运动等。

3. 芭蕾舞作为许多风格舞蹈的辅助课程，影响了各种宫廷舞、舞厅舞等动作，也影响了现代舞的训练方法。

手位与脚位练习

手脚配合对肢体的协调性有很大的帮助。在最初练习时会感到手脚动作衔接不好，这很正常，请坚持练习、细心体会，通过长期训练你会有很大的进步。

21—22拍　23—24拍　25—28拍

29—32拍　33—36拍　37—40拍

41—44拍　45—48拍　49—52拍

经典的芭蕾舞剧

国外的有《吉赛尔》《堂吉诃德》《仙女》《葛蓓莉娅》《天鹅湖》《胡桃夹子》《仲夏夜之梦》《睡美人》《帕基塔》《海盗》《舞姬》《罗密欧与朱丽叶》《灰姑娘》和《火鸟》等。

国内的有《白毛女》《红色娘子军》《二泉映月》《牡丹亭》和《鹊桥》等。

练习方法

- 模仿练习：面对镜子一位手、一位脚准备，按图示模仿动作姿势1分钟。
- 分解练习：自己喊口令，按顺序每个动作练习1×8拍×2

遍，再练习1×4拍×3遍。

- 串联动作练习：配合音乐按学习内容及节拍要求串联动作练习3遍。

参考曲目

····《茉莉花》

（二）手位与脚位组合

手位与脚位组合

···· 准备动作：左脚在前，五位脚，一位手，身向1点。

···· 1—2拍：左脚向前擦成点地，同时手成二位手，眼看左手。

···· 3—4拍：脚不动，双手打开成右手在上的五位手，头向8点。

···· 5—6拍：左脚跟落地，双腿半蹲成四位脚，同时右手向下至二位手，双手形成六位手，眼看右手。

···· 7—8拍：重心前移，左腿直立，右腿伸直后脚尖点地，同时双手手心向下，右手前伸，头向1点。

···· 9—10拍：右脚从后向前擦地至前点地的同时右手打开至七位手。

···· 11—12拍：腿不动，右手不动，左手从七位手到三位手，双手形成五位手。

···· 13—14拍：右脚跟落地，双腿半蹲成四位脚，同时左手向下至二位手，双手形成六位手，眼看左手。

···· 15—16拍：重心前移，右腿直立，左腿伸直后脚尖点地，同时双手手心向下，左手前伸，头向1点。

···· 17—18拍：左脚从后向前擦地至前点地的同时左手打开至七位手。

···· 19—20拍：腿不动，左手不动，右手从七位手到三位手，双手形成五位手。

···· 21拍：左脚向后收回成五位脚并立，同时双手成三位手。

···· 22—24拍：姿态控制不动。

···· 25—28拍：姿态不变，自右向左转一圈。

····29—30拍：双脚落脚跟成五位脚，同时双手打开至七位手。

····31—32拍：双手收回一位手，结束动作。

准备动作　1—2 拍　3—4 拍

5—6 拍　7—8 拍　9—10 拍

11—12 拍　13—14 拍　15—16 拍

17—18拍

19—20拍

21拍

22—24拍

25拍

26拍

27拍

28拍

29—30拍

浪漫芭蕾舞剧的代表作

《仙女》《吉赛尔》《海盗》《希尔维娅》。

把杆练习的意义

把杆练习是塑造姿态美的主要手段，它可帮助学习者在双腿或单腿站立时保持身体的挺拔、优美姿态，对发展下肢及躯干的力量、柔韧性、灵巧性、协调性，增强对身体重心的控制能力和提高平衡能力都非常有效。

31拍

32拍

练习方法

- 模仿练习：按图示模仿每个动作，姿势控制1分钟 ×2遍。
- 分解练习：分别练习手脚动作1×8拍 ×3遍。
- 手脚配合练习：按节拍要求手脚配合练习3遍。
- 串联动作：配合音乐将所有动作串联练习3遍。
- 巩固练习：正反面反复练习多遍。

参考曲目

····《茉莉花》

（三）蹲组合

蹲组合

····准备动作：一位脚，双手扶把。

····1—4拍：向下半蹲，膝关节尽量外展，不抬脚跟。

····5—8拍：身体向上起，两腿伸直收紧。

····9—16拍：慢慢下蹲直至被迫的脚跟抬起。

····17—24拍：先压脚跟，慢慢起立后两腿伸直收紧。

····25—28拍：左脚向旁擦地。

····29—32拍：脚跟落地的同时移动重心成二位脚。

····33—36拍：向下蹲，不抬脚跟。

····37—40拍：身体向上起，两腿伸直收紧。

····41—42拍：左脚向旁擦地，绷脚的同时重心移至右腿。

····43—44拍：控制不动。

···· 45—48拍：擦地收回后成五位脚。

···· 49—52拍：立脚跟。

···· 53—56拍：压脚跟还原。

···· 57—60拍：左脚向左旁擦地。

···· 61—64拍：左脚收回一位脚。

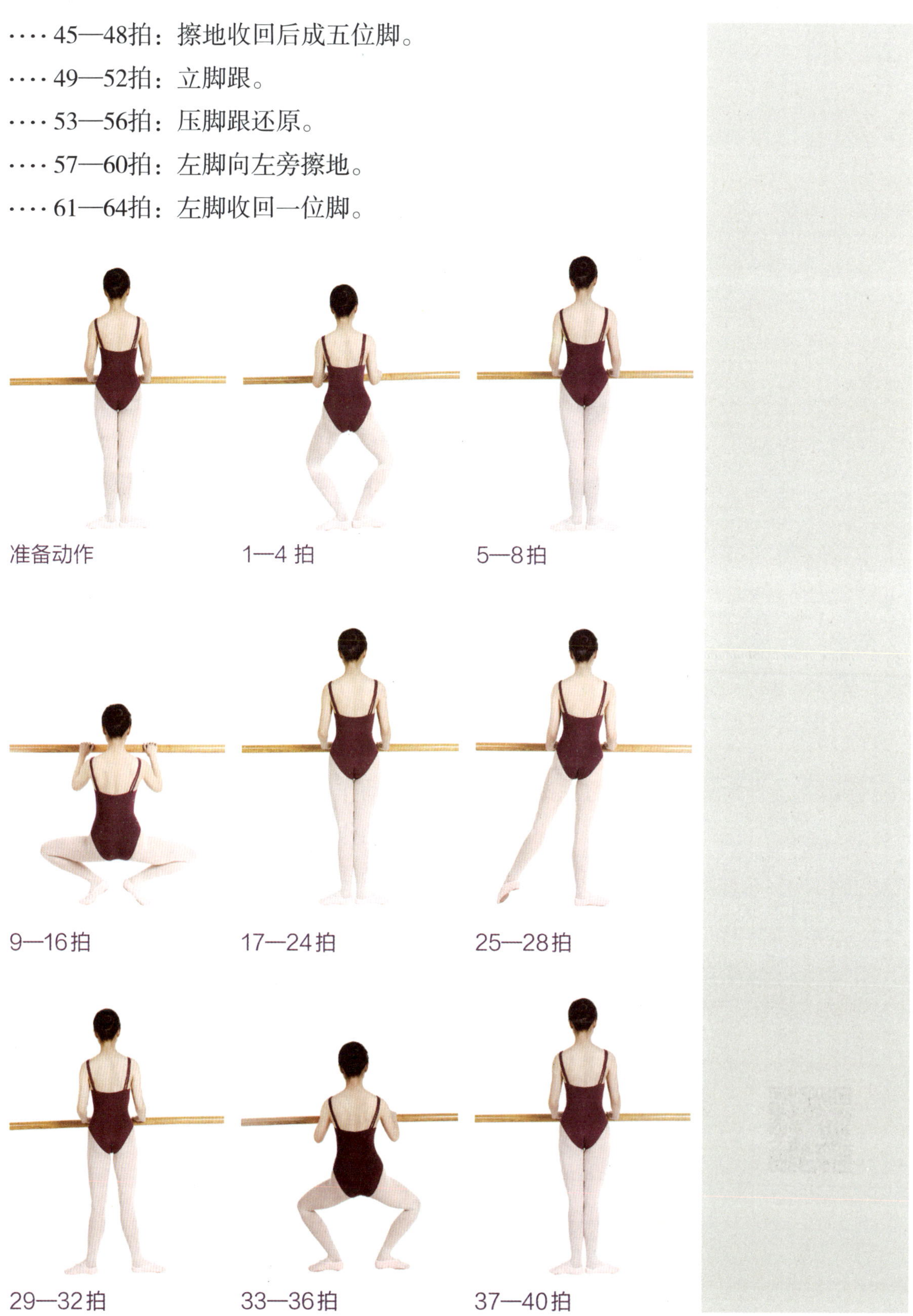

准备动作　1—4 拍　5—8拍

9—16拍　17—24拍　25—28拍

29—32拍　33—36拍　37—40拍

古典芭蕾舞之父

马里尤斯·佩蒂帕被称为古典芭蕾舞之父。由他率领其俄国弟子列夫·伊万诺夫创作的三大舞剧《睡美人》《胡桃夹子》和《天鹅湖》，成为世界古典芭蕾舞坛的经典巨作。

佩蒂帕出生于法国马赛的一个艺术氛围浓厚的家庭，早年从父学舞，13岁便在布鲁塞尔首次登台，后又成为法国芭蕾舞大师奥古斯特·维斯特里的入室弟子，舞艺大增。1862年他接替圣·莱昂出任了首席编导大师，并先后创作了54部完整的芭蕾舞剧，除了在剧目上的贡献外还为古典芭蕾舞创立了“双人舞”和“性格舞”。

擦地组合

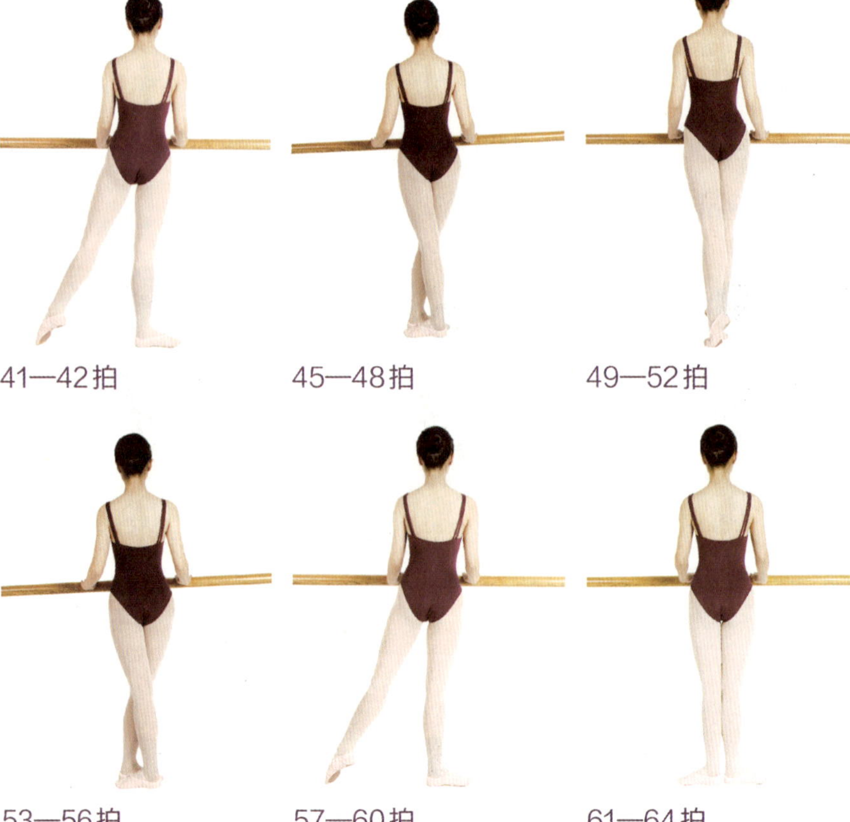

41—42拍　45—48拍　49—52拍

53—56拍　57—60拍　61—64拍

练习方法

- 模仿练习：按图示模仿每个动作，姿势控制1分钟 ×2遍。
- 分解练习：分别练习蹲与脚动作1×8拍 ×2遍。
- 串联动作：配合音乐将所有动作串联练习3遍。

参考曲目

····《美丽的草原我的家》

（四）擦地组合

····准备动作：左手扶把，五位脚，右手一位手，头向右前方。

····1—4拍：右手打开至二位手。

····5—8拍：右手从二位手打开至七位手。

····9—12拍：右脚向前擦地。

····13—16拍：右脚收回右前成五位脚。

···· 17—24拍：重复9—16拍动作。

···· 25—28拍：右脚向旁擦地。

···· 29—32拍：右脚收回右前成五位脚。

···· 33—36拍：右脚向旁擦地。

···· 37—40拍：右脚收回右后成五位脚。

···· 41—44拍：右脚向后擦地。

···· 45—48拍：右脚收回右后成五位脚。

···· 49—56拍：重复41—48拍动作。

···· 57—60拍：左脚向左擦地。

···· 61—64拍：左脚收回左后成五位脚。

···· 65—72拍：右手从七位手直接收回至一位手。（正反面交替练习）

注意：此组合也可使用3/4音乐节奏。

准备动作　1—4拍　5—8拍

9—12拍　13—16拍　17—20拍

你知道吗?

开肩、开胯、开膝、开脚尖的姿态，腿部的外开，上身的挺拔、直立，双腿到脚尖的绷直，腿和手臂的伸展，构成了芭蕾舞造型的特点。这些特点给人一种袒露的、直接的而又优雅庄重的美感，显示着欧洲文化推崇备至的典雅、高贵的气质和对人体造型美的追求。芭蕾舞艺术的一系列基本动作，变化多样的舞姿、步法、跳跃和旋转的技巧，都建立在这一审美的观念上。

21—24拍　25—28拍　29—32拍

33—36拍　37—40拍　41—44拍

45—48拍　49—52拍　53—56拍

57—60拍　61—64拍　65—72拍

你知道吗?

专业的芭蕾基本训练都选用专业的钢琴演奏老师进行现场音乐伴奏。

练习方法

- 模仿练习：按图示模仿每个动作，姿势控制1分钟 ×2遍。
- 分解练习：分别练习手部、腿部动作，每个动作1×8拍。
- 腿部练习：按学习内容中的节拍要求，自喊口令练习2遍。
- 串联动作：配合音乐将所有动作串联练习3遍。
- 巩固练习：正反面反复练习多遍。

参考曲目

····《我和我的祖国》

（五）小踢腿组合

····准备动作：右手扶把，左手一位手，五位脚，头向左前方。

····1—4拍：左手打开至二位手。

····5—8拍：左手从二位手打开至七位手。

····9—12拍：左脚向前小踢腿。

····13—16拍：左脚收回左前成五位脚。

····17—24拍：重复9—16拍动作。

····25—28拍：左脚向旁小踢腿。

····29—32拍：左脚收回左前成五位脚。

····33—36拍：左脚向旁小踢腿。

····37—40拍：左脚收回左后成五位脚。

····41—44拍：左脚向后小踢腿。

····45—48拍：左脚收回左后成五位脚。

····49—56拍：重复41—48拍动作。

····57—60拍：右脚向右小踢腿。

····61—64拍：右脚收回右后成五位脚。

····65—72拍：左手从七位手直接收回至一位手。（左右手扶把各练习1次）

小踢腿

绷脚经过擦地动作向前、旁、后快速地直腿踢出，并控制在与地面成25°角的位置上。

小踢腿组合

准备动作　1—4拍　5—8拍

9—12拍　13—16拍　17—20拍

21—24拍　25—28拍　29—32拍

33—36拍　37—40拍　41—44拍

45—48拍

49—52拍

53—56拍

57—60拍

61—64拍

65—72拍

练习方法

- 模仿练习：按图示模仿每个动作，姿势控制1分钟 ×2遍。
- 分解练习：分别练习手部、腿部动作，每个动作1×8拍 ×2遍。
- 腿部练习：按学习内容中的节拍要求，自喊口令练习2遍。
- 串联动作：配合音乐将所有动作串联练习3遍。
- 巩固练习：正反面反复练习多遍。

芭蕾舞的主要技术

1. 旋转。
2. 速度。
3. 方向。
4. 盯着一点看。
5. 运动中变化手臂或腿脚。
6. 无声而优雅的落地。
7. 跳跃的高度。
8. 绷膝盖。
9. 绷脚尖。
10. 高抬腿。
11. 支撑腿的稳定性。
12. 线条。
13. 流畅度。
14. 双人舞。
15. 大群舞。
16. 动作干净、准确。
17. 舞者在跳舞时应表现出充分的自信和优雅，不应表现出任何的不安，给人轻松感、自如感及一气呵成的整体感和舒适感。

参考曲目

····《相见时难别亦难》《骏马奔驰保边疆》

评价标准

等级	优秀（85~100 分）	良好（75~84 分）	合格（60~74 分）
标准	熟练掌握动作要领，动作优美，表现力强；连贯完成组合动作，与音乐配合较好	掌握动作方法，动作舒展、挺拔、有力度；能完成组合动作，并与音乐衔接	基本掌握动作方法，但动作展现不够优美；基本完成组合动作

想一想

1. 怎样欣赏舞蹈作品?
2. 自己能试着编排一套芭蕾舞形体练习组合动作吗?
3. 胯部柔韧性训练与其他柔韧性训练有何不同?

第二节　中国古典舞形体训练

概述

本节所学内容是中国古典舞基本功中的形体训练。通过日积月累的锻炼，我们会感到身体变得轻盈自如，动作姿态更加优雅，眼睛更加炯炯有神，体态更加婀娜多姿，心情更加愉悦。

你知道吗?

中国古典舞是我国舞蹈艺术中的一个类别，是在传统的民族民间舞蹈的基础上，经过反复地整理、提炼、加工、创造而流传下来的具有一定典范意义的古典风格的特色舞蹈。

学习目标

- 在芭蕾舞形体训练的基础上使动作、姿态更富有韵味与魅力，由内而外散发出东方的古典美。
- 通过上肢与下肢动作的配合训练，使身体动作更加协调，促进身体各个关节与肌肉正常发育。
- 配合音乐进行练习可以让你了解中国古典音乐的风格与特点，从而丰富音乐知识并提高音乐艺术素养。

学法提示

1. 正确区分中国古典舞形体训练中的手形与芭蕾舞形体手形的

不同。

2. 在学习中国古典舞形体训练中的手位动作时注意眼随手动，认真体会并归纳它与芭蕾舞形体手位的相同点与不同点。
3. 在学习中国古典舞形体训练中的脚位时牢记它们的名称，有利于更快地掌握动作要领。
4. 最初练习舞步时速度要慢，准确地掌握舞步后可略微加快速度，最后使双脚的交替速度能做多快就做多快。
5. 手脚要协调配合，跳跃起来要显得轻盈自如，动作衔接要顺畅。

实践与练习

一、基础动作

（一）手形

1．掌

···· 女掌形（兰花手）：四指伸直微上翘，中指下压，大拇指靠近中指不完全贴上。

2．拳

···· 女拳形：大拇指、食指、中指捏在一起，无名指与小拇指微屈。

3．指

···· 女指形（单指）：大拇指与中指相贴，食指伸直略上翘，无名指弯曲，小拇指微屈上抬。

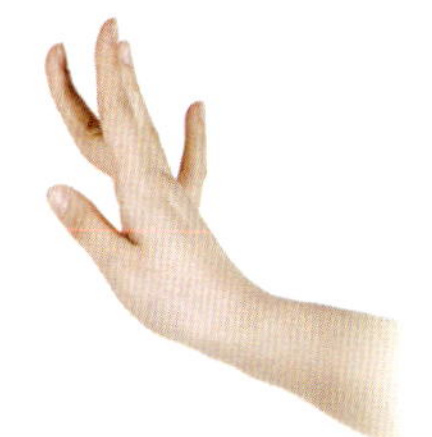
女掌形（兰花手）

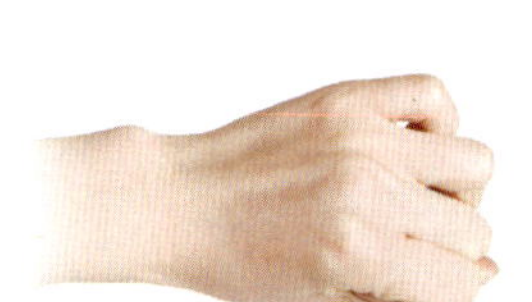
女拳形

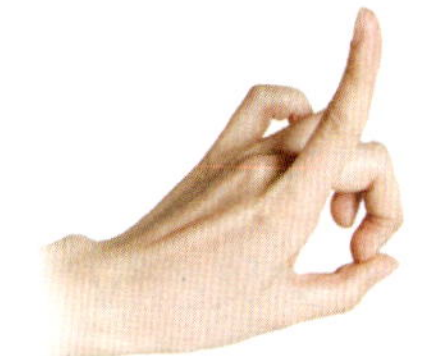
女指形（单指）

中国古代有哪些著名的舞蹈家?

西施，春秋时期著名的宫廷舞人。
赵飞燕，原名宜主，汉代著名舞人。
杨玉环，唐代著名的舞蹈家，她生得丰满艳丽，是盛唐典型的美人。

练习方法

- 按学习内容顺序配合音乐练习各个手形1×8拍×2遍。

参考曲目

····《春江花月夜》

（二）脚形

1．绷脚

····脚背绷起，脚踝用力伸直，脚尖用力下压，尽量着地面，与小腿部形成一条直线。

2．勾脚

····脚尖、脚背、脚踝在绷脚的基础上用力回收，脚跟向前蹬，全脚勾起，与小腿部形成勾式形。

3．扤脚

····绷脚，脚尖、脚掌、脚踝向腿部内侧扤起。

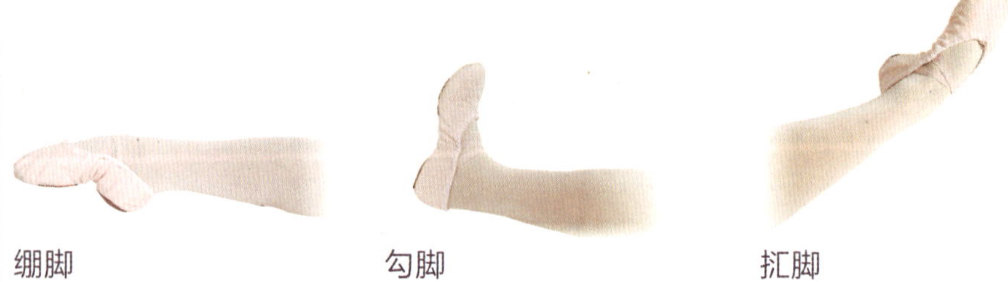

绷脚　　勾脚　　扤脚

练习方法

- 按学习内容顺序配合音乐练习各个脚形1×8拍×2遍。

参考曲目

····《梁祝化蝶》

（三）手位

1. 女叉腰位

····双手成女掌形（兰花手）折腕，手背叉于腰部。

2. 背手位

···· 双手手背放于腰后中部，手心向后。

3. 山膀位

···· 一手臂抬起同肩平，臂呈弧形，掌心向斜下方，扣腕，称单山膀。双手抬起至肩平称为双山膀。

4. 按掌位

···· 手臂曲肘，手心向下按置于胸前20厘米左右处，从肩、肘、腕到手形呈坡状弧形。一手的称为单按掌，双手手腕于胸前交叉，手掌立起称为双按掌。

5. 山按掌位

···· 左手胸前按掌，右手于单山膀的位置（两手可交换做）。

6. 托掌位

···· 手臂曲肘，手心向上托于头前斜上方，肩、肘、腕到手形呈半圆弧形，手不动抬眼即看到掌。单手做称为单托掌，双手做则称为双托掌。

7. 提襟位

···· 右（左）手叉腰，左（右）手握拳于胯旁，拳眼对胯，肘架起肘尖稍往前扣，从肩、肘、腕到手形呈半圆弧形。

8. 顺风旗位

···· 左手于托掌位，右手为山膀位称为左顺风旗位，反之为右顺风旗位。

女叉腰位

背手位

中国古代有哪些专用的舞蹈名词术语?

1. 乐舞：古代以舞蹈、音乐、诗歌三者结合起来的艺术形式。
2. 大舞：西周时制定礼乐制度中的6种乐舞。
3. 小舞：周代宫廷雅乐的一种，包括6个不同形式的乐舞，也称六小舞。
4. 缀兆：古代表示舞蹈队形位置的用语。
5. 俳优：古代演滑稽戏和杂耍的艺人。
6. 破：古代乐舞的术语。
7. 曲破：古代乐舞的术语。词的一种体裁。
8. 勾对：宋代乐舞表演用语。
9. 竹竿子：在宋代宫廷乐舞、杂剧演出中具有指挥职能的角色。

中国古代有哪些著名的舞蹈作品?

1.《大武》是周代创编的歌颂武王伐纣获得胜利的乐舞作品。
2.《灵星舞》是汉代祭祀后稷的作品。
3.《盘鼓舞》是汉代具有较高技艺性的舞蹈。
4.《东海黄公》是汉代具有一定情节和人物性格的，由两个人扮演的角抵戏。
5.《剑器》是唐代健舞类的表演性舞蹈。

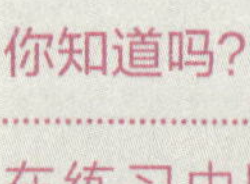

你知道吗?

在练习中国古典舞形体动作时，要特别注意眼随手动，哪只手动，眼就要看哪只手，这样做出来的动作才有神韵，才有韵味。

山膀位（双山膀）

按掌位（单按掌）

山按掌位

托掌位（单托掌）

提襟位

顺风旗位（左顺风旗）

练习方法

- 按学习内容顺序配合音乐模仿图示，练习手位动作1×8拍×2遍。
- 各种顺序反复练习。
- 正反面交替反复练习。

参考曲目

····《高山流水》

（四）脚位

1．正步

····两脚并拢，脚尖正对前方，双腿伸直并拢，重心于两脚掌。

2．小八字步

····两脚跟并拢，脚尖打开至斜前方，脚心间距一拳左右。

3．大八字步

····在小八字步基础上，两脚分开，与肩同宽，重心在两脚中间。

4．丁字步

····右脚跟靠在左脚心处，形同“丁”字，左脚尖对左斜前方，右脚尖对右斜前方。

5．踏步

····右（左）脚尖冲向8（2）点，左（右）脚掌踏点在与右（左）脚跟一条线上，左（右）脚跟冲向6（4）点，两膝加紧。

6．双脚并立（正步并立）

····双脚正步位基础上，立脚跟，双腿夹紧，重心于两脚掌。

7．交叉并立（丁字并立）

····在丁字步基础上，立脚跟，双腿夹紧，重心于两脚掌。

8．点步

····丁字步站立，一脚向前伸出点地，脚面绷直，大腿外旋，脚的小拇指着地为前点地。向身体侧旁伸出，脚的二指着地为旁点地。向身后伸出，脚的大拇指着地为后点地。

9．虚步

····在点步的基础上，主力腿屈膝半蹲。

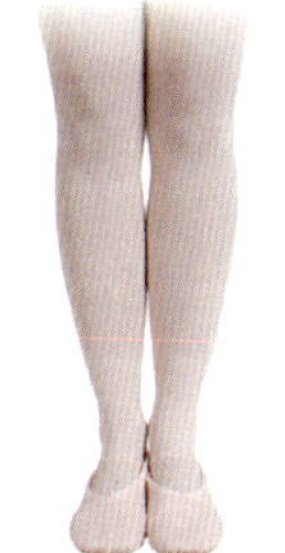

正步

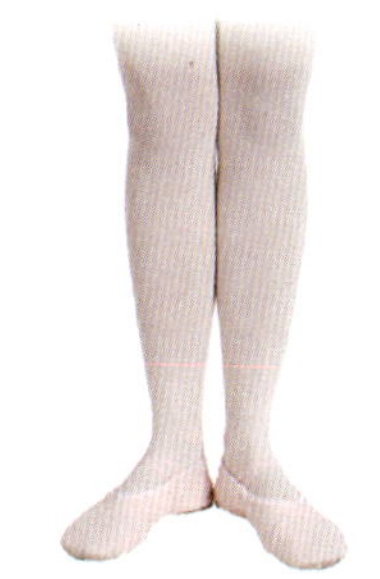

小八字步

大八字步

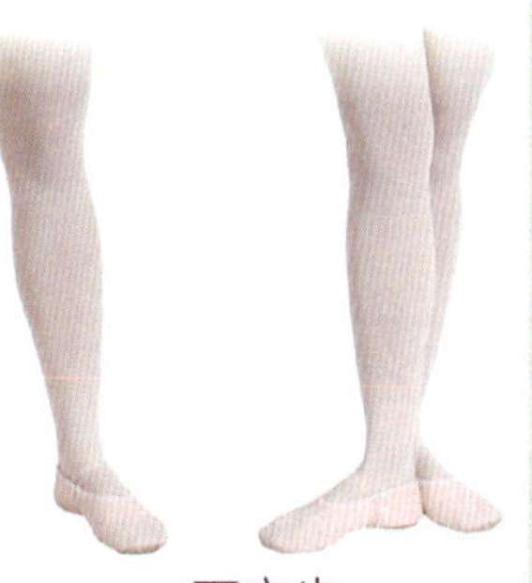

丁字步

中国古典舞表演的特点和规律

1. 以情带舞，以舞传情。
2. 动而合度，形变神真。
3. 技艺结合，引人入胜。
4. 风采独具，舞韵长存。

你知道吗?

碎步特指步伐动作间的距离越小越好，并且要快速地移动位置。

舞蹈美感及特征

舞蹈美感是人们通过视觉、听觉等感觉器官在对舞蹈美的感知、想象、理解的审美过程中所产生的愉悦和快乐的一种心理状态。

舞蹈美感的特征：

1. 舞蹈美感的直觉性。
2. 舞蹈美感的情感性。
3. 舞蹈美感的思理性。
4. 舞蹈美感的民族性。
5. 舞蹈美感的享乐性。

踏步

双脚并立（正步并立）

交叉并立（丁步并立）

点步

虚步

练习方法

- 依次模仿图示，练习各个脚位1×8拍×2遍。
- 配合音乐各种顺序反复练习。

参考曲目

····《彩云追月》

（五）舞步训练

1. 圆场步

···· 正步位准备，一脚勾脚向前伸出，脚跟落在另一脚的脚尖处，随后经脚跟推滚到脚掌处再抬起脚跟，然后，后脚抬起同前脚动作，这样反复交替行进。在行进中，步伐之间要连贯紧凑，

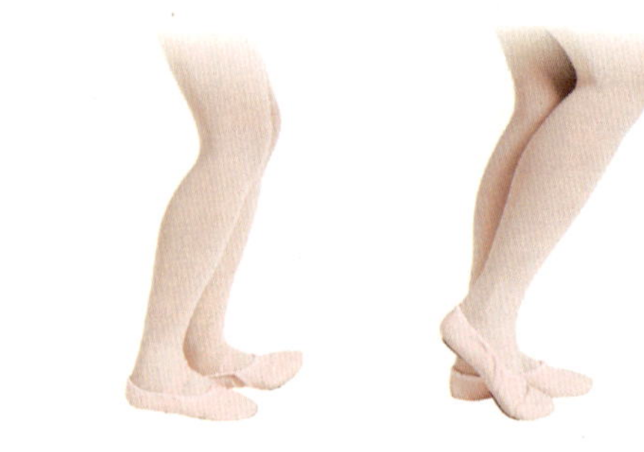
圆场步

双膝自然屈膝放松，上身保持平稳，可加一些手臂动作配合练习，脚的速度可自行控制。

2. 碎步

···· 正步位准备，立脚跟，半脚掌着地，向前、向后、向左、向右做快速移动，步伐间隔要小，在移动时微屈膝，上身保持平稳。

舞蹈作品的内容是什么?

1. 题材。
2. 主题。
3. 人物。
4. 情节。
5. 环境。

练习方法

- 圆场步练习：双背手，两脚各4拍向前交替行进4×8拍，两脚交替各2拍向前行进4×8拍。配合音乐以不同路线及不同手位配合的两脚交替1拍行进反复练习。
- 碎步练习：一拍一动，向前、后、左、右方向移动各2×8拍。以最快速度向4个方向移动各1×8拍。

参考曲目

···· 《梁祝》《浏阳河》

二、组合动作

···· 音乐节奏：2/4或4/4。

（一）手位与脚位组合

···· 准备动作：左丁字步站立，身向2点，头向1点，双手背手位。

···· 1—4拍：1—2拍右手撩手于斜上位；3—4拍右手经斜上位从头上向下按掌至胸前，头向1点。

···· 5—8拍：5拍右手向上提腕，眼看手；6拍向下按腕的同时向旁拉开成单山膀；7拍再提腕；8拍向外侧按腕同时亮相，头向1点。

···· 9—12拍：左手重复1—4拍右手动作。

···· 13—16拍：左手重复5—8拍动作右手。

···· 17—20拍：17拍左脚向7点上步，双手向下至体前交叉，手心向里，眼看手；18拍右脚向6点撤步成踏步的同时双手向上提腕；

手位与脚位组合(慢动作)

19—20拍双手向上分开至右顺风旗位，手心向上，头向8点。

···· 21—24拍：姿态保持不动。

···· 25—28拍：25—26拍右脚向3点上步，同时右手经上向下按掌至胸前；27—28拍左脚向4点撤步成踏步的同时左手变成单托掌位，头向1点。

···· 29—32拍：上体姿态控制不动的同时双腿下蹲。

···· 33—36拍：姿态保持不动，同时向右下旁腰，眼看地。

···· 37—40拍：身体还原直立的同时起身。

···· 41—44拍：41—42拍左脚向8点前伸，同时右腿下蹲至虚步；43—44拍左脚回收至交叉并立，同时左手向下按掌成双按掌位，头向1点。

···· 45—48拍：姿态保持不动。

···· 49—52拍：双脚落地，同时右脚前上步成右丁字步，双手收回背手位，头向1点。

···· 53—56拍：53拍双手向上撩手至斜下位，眼看左手；54拍双手至头斜上方，眼看左手；55拍双手头上交叉，头向上看；56拍双手胸前交叉向下按掌，眼看正前方。

···· 57—60拍：57拍双手提腕，眼看1点；58—59拍双手压腕，同时向两侧拉开，眼看左手；60拍亮相，头向1点。

···· 61—64拍：61—62拍双手向上提腕，眼看左手；63—64拍收回双手至背手位。

你知道吗?

在练习圆场步时脚下的路线可直线、曲线、弧线、圆圈练习。手上的动作可根据所学的手位而变换不同的动作进行辅助练习。最初学习时动作做起来不会太快，练习一段时间后速度会越来越快。

准备动作

1—2拍

3—4拍

5拍

6拍

7拍

8拍

9—10拍

11—12拍

手位与脚位组合（音乐）

什么是体育舞蹈？

体育舞蹈是舞蹈和体育相结合，以艺术审美的方式锻炼身体，使身心全面健康发展运动项目，如各种健身舞、韵律操、中老年迪斯科、冰上舞蹈，以及我国传统武术中的舞剑、舞刀和象征模拟各种动物的象形拳、五禽戏等。

中国戏曲舞蹈的形式美感主要表现在哪些方面？

1. 圆润流畅，曲折变化。
2. 节奏鲜明，动静结合。
3. 技艺交融，刚柔相济。
4. 整体和谐，匀称连贯。

13拍　14拍　15拍

16拍　17拍　18拍

19—20拍　21—24 拍　25—26拍

27—28拍
29—32拍
33—36拍
37—40拍
41—42拍
43—44拍
45—48拍
49—52拍
53拍

你知道吗?

中国古典舞强调“手到、眼到、步到、身到”，即“形神兼备”。这要求舞蹈者的手、眼、身、法、步互相配合，连贯一气，做到“心与意合、意与气合、气与力合、力与形合”。

中国古典舞“刚柔动静统一”，动作讲究起伏跌宕、有动有静，在行云流水般的动作之中穿插“亮相”，并以刚柔相济、具有韧性著称。这一特点使中国古典舞的动作与动作之间形成强烈对比和映衬，使之具有高度的含蓄性和想象力，并赋予舞蹈者的形体动作以言犹未尽的、如诗般的魅力。

我国新古典舞是怎样创造和发展的?

舞蹈家吴晓邦说:"中国古典舞"这一概念是由我国戏剧家和戏曲舞蹈家欧阳予倩提出并得到文艺界广泛响应后流传开来的。

1954年，北京舞蹈学院开设了舞蹈教员训练班，为的是提高未来教员的业务水平。为正式建校准备教材，还特意聘请了一些歌舞团体的古典舞教员和著名戏曲艺术家，专门从事中国古典舞教材的研究和整理。这次整理的教材内容逐渐向全国推广，中国古典舞的名与实也就形成了一个特指的概念。

61—62拍　　63—64拍

练习方法

- 模仿练习：模仿图示每个动作姿势，每个动作姿势控制1分钟×2遍。
- 分解练习：自喊口令，分别练习手位、脚位动作，每个动作练习1×8拍×2遍。
- 组合动作练习：手脚配合练习完整动作，各1×8拍×3遍。
- 串联动作：配合音乐将所有动作串联练习3遍。
- 巩固练习：正反面反复练习多遍。

参考曲目

····《青花瓷》

（二）圆场步组合

····准备动作：正步位，双手背手位。

····1—8拍：两脚一拍一次交替向前行进。

····9—16拍：两脚半拍一次交替向前行进，同时右手慢慢打开成单山膀位。

····17—24拍：脚步动作与节拍同9—16拍，但手成双山膀位。

····25—32拍：脚步动作不变，左手成单按掌位，右手成背手位。

····33—40拍：脚步动作与节拍同1—8拍，左手成单托掌。

····41—48拍：脚步动作与节拍同1—8拍，手成左顺风旗位。

圆场步组合

练习方法

- 模仿练习：模仿图示每个动作姿势，每个动作姿势控制半分钟×2遍。
- 慢速练习：双背手位，自喊口令，两腿交替2拍一动向前行进，练习2×8拍；侧身向左、向右各练习2×8拍。圆圈路线4×8拍行进练习。

- 手脚配合练习：行进中变换手位，每次变换1×8拍×2遍，路线同上。
- 巩固练习：正反面反复练习多遍。

参考曲目

····《新贵妃醉酒》

（三）碎步组合

···· 准备动作：正步位站，身向1点，双手下垂。

···· 1—4拍：1—3拍双脚并立脚掌向3点碎步移动，同时双撩手于旁平；4拍双手立掌不动，左脚向斜前伸虚步点地。

···· 5—8拍：5—7拍双脚并立脚掌向7点碎步移动，同时双撩手于旁平；8拍双手立掌不动，右脚向斜前伸虚步点地。

···· 9—12拍：9—11拍双脚并立脚掌向1点碎步前移，同时双撩手于旁平；12拍双手立掌，左脚向正前伸虚步点地。

···· 13—16拍：13—15拍双脚并立脚掌向5点碎步后移，同时双撩手于旁平；16拍双手立掌，右脚向正前伸虚步点地。

···· 17—20拍：17—18拍双脚碎步自左向右转，同时双撩手于旁平，身向3点；19—20拍双手撩手至斜上位，身向5点。

···· 21—24拍：21—22拍双脚碎步移动，双手从斜上位打开到旁平位，身向7点；23—24拍双脚碎步移动，双手从旁平位打开到斜下位，身向1点。

···· 25—28拍：25—26拍双脚碎步自右向左转，同时双手撩手至旁平位，身向7点；27—28拍双脚碎步自右再向左转，同时双手撩手至斜上位，身向5点。

···· 29—32拍：29—30拍双脚碎步自右再向左转，双手从斜上位打开到旁平位，身向3点；31—32拍双脚碎步自右再向左转，双手从旁平位打开到斜下位，身向1点。

···· 33—36拍：33拍双脚并立脚掌向3点碎步移动，同时双手由左向右双晃手成左旁平位；34拍脚下动作不变，双手抬至头斜上

舞蹈演员要具备哪些基础能力？

1．要有一个具有丰富舞蹈表现能力的身体，通过训练使自己具有速度和控制能力，使身体各部分动作协调统一，符合舞蹈动律的节奏，又有舞蹈的造型美。
2．有一定的舞蹈文化素养，掌握舞蹈艺术基础理论知识和舞蹈历史发展的常识。
3．要不断加强文学和各种艺术的修养。
4．要关心社会生活的发展变化，要不断了解生活中各种各样的人和事，增加生活知识的积累和储备。

碎步组合

方；35拍脚下动作不变，双手从上向下至右旁平位；36拍双手向下至右斜前位，同时左脚向2点前伸虚步点地。

···· 37—40拍：37拍双脚并立，脚掌向7点碎步移动，同时双手由右向左双晃手；38拍脚下动作不变，双手至头右斜上方；39拍脚下动作不变，双手至头左斜上方；40拍双腿屈膝半蹲，双手向斜前伸展。

···· 41—44拍：41拍右脚向8点前伸虚步点地；42—44拍双脚并立，脚掌向3点碎步移动，同时双手打开成右顺风旗位，手心向上，身体向左旁腰，身向1点，头向8点。

···· 45—48拍：双脚并立脚掌向7点碎步移动，同时双手直接变换成左顺风旗位，手心向上，身体向右旁腰，身向1点，头向2点。

···· 49—52拍：双脚落地成正步位站立，身向1点，双手下垂。

准备动作　1—3拍　4拍

5—7拍　8拍　9—11拍

你知道吗?

中国古典舞（又称“新古典舞”）是从我国的传统戏曲舞蹈、武术、古代艺术资料中的舞蹈形象挖掘筛选、整合创造而来的，如敦煌舞中的“反弹琵琶”这一舞姿就是敦煌112石窟壁画中的“琵琶舞”的舞姿；民间舞蹈如《绸舞》《剑舞》《胡旋舞》等，均取材于古典诗画等文学艺术作品。

12拍　13—15拍　16拍

17拍　18拍　19拍

20拍　21拍　22拍

什么是舞蹈欣赏?

舞蹈欣赏是人们观赏舞蹈演出时所发生的一种精神活动，是对舞蹈作品的感受、体验和理解的整个过程，因此它本质上是一种认识活动。

舞蹈艺术有哪些审美特征?

1. 形象性。
2. 感染性。
3. 独创性。
4. 技艺性。

23拍 24拍

25拍 26拍 27拍

28拍 29拍 30拍

31拍 32拍 33拍

34拍 35拍

36拍 37拍 38拍

舞蹈作品有几种类型?

(一)抒情性舞蹈
1. 情绪型的抒情舞。
2. 意境型的抒情舞。
3. 技巧型的抒情舞。
(二)叙事性舞蹈
(三)戏剧性舞蹈
1. 戏剧性舞剧。
2. 交响性舞剧。
3. 戏剧性与交响性结合的舞剧。

39拍　40拍　41拍

42—44拍　45—48拍　49—52拍

练习方法

- 分解练习：立脚掌一拍一动向左、右、前、后方向移动练习各2×8拍；以最快速度向4个方向移动各1×8拍。
- 手脚配合练习：根据练习内容及节拍要求，行进中变换手臂动作，练习2遍。
- 巩固练习：配合音乐进行正反面反复练习。

参考曲目

····《霓裳羽衣舞》

（四）立身射燕小跳组合

1．舞姿——立身射燕

···· 准备动作：左（右）丁字步，双背手准备，体向2（8）点，头向1点。

···· 射燕动作：左（右）小腿抬起，膝盖顶在右（左）腿膝盖窝处，双腿夹紧，同时双手经撩手成左（右）顺风旗位。

立身射燕
分解动作

准备动作

射燕动作

什么是艺术舞蹈？

指由专业或业余舞蹈家通过对社会生活的观察、体验、分析、集中、概括和想象，并进行艺术的创造，从而创造出主题鲜明、情感丰富、形式完整、具有典型化的艺术形象，由少数人在舞台或广场上表演给大家观赏的舞蹈作品。

2．立身射燕小跳分解动作

···· 准备动作：左（右）丁字步，双背手准备，身向2（8）点，头向1点。

···· 1拍：双手上撩至旁平位，眼看右手。

···· 2拍：双手上撩至斜上位，头向上看。

···· 3拍：双手从斜上位向下交叉，手心向里，眼看手的同时左脚向2点方向绷脚踢出。

····4拍：双手经下打开成右顺风旗位的同时跳起，左脚落地，右脚翘起。（正反面交替练习）

立身射燕慢动作（口令）

准备动作　　1拍　　2拍

3拍

4拍

3. 立身射燕小跳连贯动作

···· 音乐节奏：2/4或4/4（欢快）。

···· 准备动作：左丁字步，双背手准备，身向2点，头向1点。

···· 快速将分解动作连贯起来，一拍一跳向右斜前方连跳8次，再向左斜前方连跳8次，反复2遍。

什么是舞蹈作品的意境？

从字面上解释，意是指作品所表现的感情和思想，境是指作品中所描绘的生活图景和客观环境。舞蹈作品的意境就是舞蹈作品所描绘的生活图景和所表现的思想感情融合一致而形成的一种艺术境界。

立身射燕小跳

练习方法

- 模仿练习：模仿图示练习立身射燕舞姿动作，每个动作控制1分钟。
- 分解练习：自喊口令练习立身射燕小跳分解动作各4拍×2遍。
- 手脚配合练习：慢节奏的手脚配合动作练习8遍。
- 巩固练习：快节奏的手脚配合动作练习8遍，配合音乐反复练习多遍。

参考曲目

····《八月桂花遍地开》

评价标准

等级	优秀（85~100分）	良好（75~84分）	合格（60~74分）
标准	熟练掌握中国古典舞形体训练的动作方法及要领，动作优美，表现力强；动作与音乐完美配合，充分表达感情	较熟练掌握中国古典舞形体训练的动作方法及要领，动作舒展挺拔，比较优美，初步体现古典美韵律；较熟练完成组合动作，动作顺畅，能够与音乐衔接	基本掌握中国古典舞形体训练的动作方法及要领；能完成组合动作

想一想

1. 如何选择音乐并利用音乐练习动作呢？

2. 你能否以学习内容为基础，自己创编一套组合动作并向同学们展示呢？
3. 古典舞形体的手位位置和我们所学的哪些手位的位置相似呢？它们之间有何不同呢？

第二章
啦啦操

概述

啦啦操起源于早期部落社会的出征仪式，为激励外出打仗或打猎的战士们，人们通常会举行一种仪式，仪式中族人们用欢呼、击打、鼓掌、手舞足蹈的表演来鼓励战士，希望他们凯旋。

现代啦啦操运动起源于美国，最初为美式足球比赛呐喊助威的活动，这种特殊的加油方式受到广大群众的喜爱并迅速遍布美国的篮球、橄榄球、棒球、游泳、田径、摔跤等比赛现场。经过 100 多年的探索与演变，已发展成为世界范围内广受欢迎的体育运动。2001 年啦啦操运动传入中国。

啦啦操是在音乐的伴奏下，通过队员徒手或手持道具运用基本手位、步法、舞蹈技巧动作等展示，为比赛加油助威，提高比赛观赏性；展现青春活力，体现团队协作、奋发向上、自信热情、朝气蓬勃的精神。

你知道吗?

啦啦操原名cheer leading。其中的“cheer”有振奋精神、提振士气的意思。

学习要点

- 了解啦啦操的基础知识，学习基础动作、手型、步法、组合，以及队形变换。
- 学习并能基本掌握成套动作，了解有关啦啦操比赛的规则，加深对啦啦操的理解。
- 观看、参与啦啦操比赛，拓展思维，学会训练、比赛、欣赏。
- 学会科学、有效的锻炼身体的方法，学会提高专项身体素质的练习方法，塑造健美形体、优雅气质，培养良好的运动习惯。

基础知识

1. 2001年9月，在广州举办了全国首届高校啦啦操挑战赛，这是国内首次举办啦啦操比赛，标志着啦啦操文化在中国体育史上写下了第一页。
2. 啦啦操一般由6~30人组成一个团队，是一项特殊的集体项目，每位队员在整套动作的完成中在不同的位置扮演不可或缺的重要角色，强调动作的高度一致性。要求队员具有团队精神，在完成动作过程中注重营造相互信任的集体氛围，提高团队凝聚力，形成一种共同承担风险、分享运动成果、健康向上的团队精神。
3. 要想完成一套动作流畅、形体完美的啦啦操，需要全体队员协作完成，更需要队员有高度的集体精神，在不断的重复练习中，提升团队力量，也在潜移默化中影响着自身，并将这种集体精神迁移到日常生活和工作中，不断完善自己，走向成功。
4. 根据比赛性质、目的、技术特点、场所的不同，啦啦操运动可分为竞技性啦啦操和表演性啦啦操。竞技性啦啦操分为舞蹈啦啦操和技巧啦啦操。表演性啦啦操分为看台啦啦操和庆典啦啦操。

竞技啦啦操运动员技术等级标准（试行）

年满13周岁且初中及以上的运动员比赛成绩和个人能力测试合格方可申报运动员技术等级称号。分为：一星级运动员、二星级运动员、三星级运动员、四星级运动员和五星级运动员。

5. 技巧啦啦操竞赛项目包括集体技巧啦啦操自选套路、五人配合技巧啦啦操自选套路和双人配合啦啦操自选套路。
6. 舞蹈啦啦操包括花球舞蹈啦啦操、爵士舞蹈啦啦操、街舞舞蹈啦啦操和自由舞蹈啦啦操。
7. 花球舞蹈啦啦操的观赏性极强，在进行表演和比赛时，运动员手持花球，运用花球技术，如抖、震、快速制动等始终与花球融为一体，通过整齐的舞蹈动作，特定难度动作，多样的静态、动态造型的层次变化，以及流动的队形变换等集体动作来制造视觉冲击力，给人以震撼、愉悦和美的享受。
8. 爵士舞蹈啦啦操属于一种节奏快、富有动感的舞蹈。它追求的是愉快、活泼、有生气。爵士舞蹈啦啦操的技术特征主要表现在:肢体的动作由内向外延伸，并通过延伸和制动体现特有的力度感和动作的松弛有度变化。爵士舞蹈啦啦操不仅体现出技术难度，更体现出从内心流露的自然感情，身体会不由自主地随着音乐节奏而舞动，时而兴奋激烈，时而缓慢优柔。爵士舞蹈啦啦操难度动作是整套操的核心，其与队形变化的结合，即是创造力的体现，也使空间层次更加丰富，能够进一步提升视觉与舞台效果。
9. 音乐是啦啦操的灵魂，啦啦操的音乐风格多种多样，有的旋律优美，有的气氛热烈，节奏快慢有致。多采用摇滚、爵士乐等。而啦啦操的动作是对音乐的一种诠释，能够表达出音乐的韵律。

你知道吗?

青少年的运动心率控制在130～150次/分钟，约相当于最大运动强度的65%～80%范围。

第一节　啦啦操基本动作

概述

啦啦操基础动作包括手型、手位和常用下肢动作。

啦啦操中的手型大多是从芭蕾舞、现代舞、迪斯科舞和武术中

你知道吗？

啦啦操运动的手臂动作要处于额状轴前方，目视前方做任意手位动作时可以通过视觉广角看到拳稍。手臂技术要求发力短促，加速、制动定位准确，动作完成干脆利落。

吸收和发展的。手型是手臂动作的延伸和表现，会使啦啦操动作更加丰富多彩、生动活泼，更具有感染力。

啦啦操基础动作包括32个基本手位和6种常用的基本站位。啦啦操有很多身体动作，如头部、躯干、髋部等部位的大幅扭转等。啦啦操动作的特点是重心较低，在做动作的过程中膝关节不完全伸直，保持微微弯曲的状态，重心稳定，移动平稳。

学习目标

- 学习和掌握啦啦操的基本手型、手位、下肢动作。锻炼身体的灵活性、协调性、节奏感。培养观察能力、理解能力。提高上、下肢力量和爆发力。
- 提高对动作的控制力，改正不良动作姿势和习惯，形成正确的身体姿态。
- 锻炼心血管系统的机能，提高有氧运动的能力。
- 在体现健、力、美的同时，还培养内在气质与修养。

学法提示

1. 充分做好准备活动，使身体发热，提高神经系统的兴奋度，尽快进入学习状态。
2. 在教师的启发指导之下，了解动作的特点、动作的线路并找出练习规律以便于记忆。
3. 教学中利用分解、组合、成套口令—音乐等多种练习方法，循序渐进地练习每一套动作。
4. 可分组进行合作式学习，提高判断力、表现力。

实践与练习

一、基础动作

（一）基本手势

啦啦操的每一种手势都有其特殊的“语言”代表性。具有代表性的常用手势如下图所示。

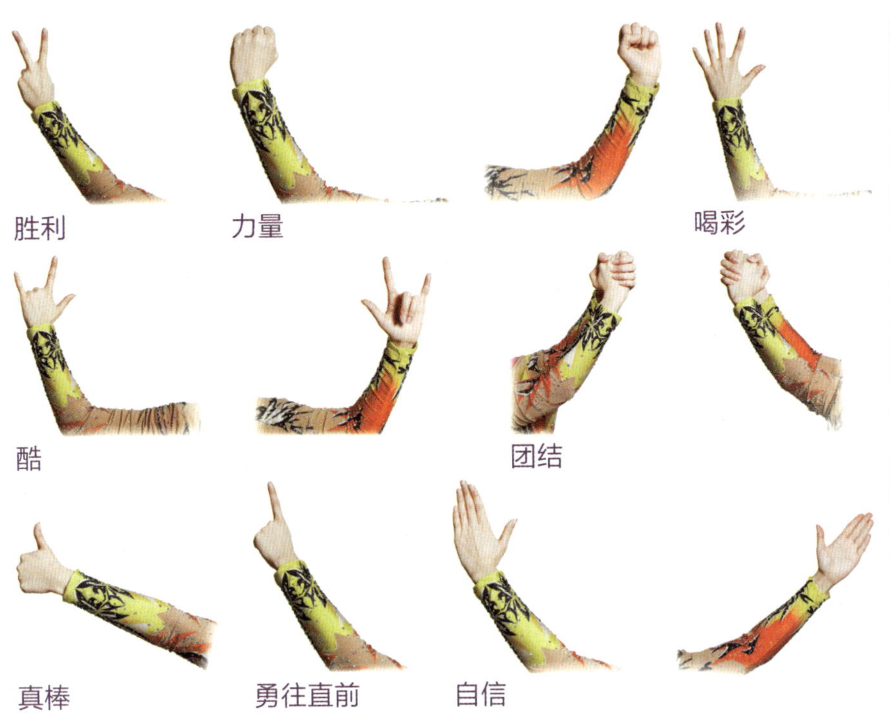

除了上图所示的手势外，啦啦操还借鉴了一些健美操的手型，常用的有以下6种。

1. 并拢式

五指伸直并拢，拇指微屈，指关节贴于食指旁。

2. 分开式

五指用力伸直，充分张开。

3. 芭蕾手式

五指微屈，后三指并拢稍内收，拇指内扣。

你知道吗?

普通啦啦操运动员技术星级标准共七级：红星级、橙星级、黄星级、绿星级、青星级、蓝星级、紫星级。
仅限4~13岁申报。

4. 拳式

握拳，拇指在外，指关节弯曲紧贴于食指和中指第二指关节处。

5. 立掌式

五指伸直并拢，手掌用力上翘。

6. 西班牙舞手式

五指用力伸直，小指、无名指、中指自掌指关节处依次屈，拇指稍内扣。

（二）下肢动作

本节课所介绍的下肢动作均为常用的灵活步法组合，能够使整套动作充满节奏感。

1. 直立（并腿站）

头颈直立，眼平视，沉肩，挺胸，立腰，收腹提胯，臀部收紧，两腿伸直，两脚并拢。

你知道吗?

有研究表明：通过12 周啦啦操学练，能够显著提高心理健康水平，改善敏感、抑郁、焦虑等症状，培养积极的生活态度和团结与奉献的精神，建立基本的道德素养。

2. 军姿

两腿开立与肩同宽，脚尖略微外展，收腹，收臀，双手放在腰间或背后。

3. 吸腿

一腿直立，另一腿抬起，屈膝，脚尖贴于膝关节处。

4. 弓步

前腿弯屈，且膝关节不超过脚尖，后腿向下弯屈，重心落于两腿之间，收腹，收臀。

5. 侧弓步

一侧腿弯屈，膝关节转向同侧约45°方向，与脚尖方向一致，且膝关节不超过脚尖；另一侧腿伸直向体侧延伸，以大脚指一侧点地。

6. 锁步

两脚前后站立，同时屈膝半蹲，一条腿的膝关节屈于另一条腿腘窝处，重心落于两腿中间。

你知道吗？

“A”字形源于单词Active，代表积极的；
“L”字形源于单词Light，代表光明；
“M”字形源于单词Majesty，代表音雄伟的；
“R”字形源于单词Running，代表奔跑；
“K”字形源于单词Kind，代表友好的。

二、32个基本手位

32个基本手位是啦啦操的基础核心动作。动作发力速度快，制动时间短且均在肩关节前制动，制动之后没有延伸，强调准确的身体控制。

1. 上M（up M）

···· 两臂肩上屈，肘关节外展，手指尖触肩。

2. 下M（hands on hip）

···· 双手握拳叉腰，拳心向后。

3. W（muscle man）

···· 两臂肩上屈，肘关节成90°，双手握拳，拳心相对。

4. 高V（high V）

···· 双手握拳，两臂侧上举，拳心向外。

上M（up M）

下M（hands on hip）

你知道吗?

啦啦操运动强调团队精神，即团队整体的运动能力、表演的激情、自信心、感染力、号召力、表演能力、默契配合等。

W（muscle man）　　高V（high V）

你知道吗?

啦啦操竞赛规则规定：成套动作时间为1分30秒（±10秒）。自编成套动作时间为2分20秒（±10秒）。

5. 倒V（low V）

···· 双手握拳，两臂侧下举，拳心向内。

6. T（T）

···· 双手握拳，两臂侧平举，拳心向下。

7. 斜线（diagonal）

···· 双手握拳，一臂侧上举，一臂侧下举，两臂成一条斜线。

8. 短T（half T）

···· 双手握拳，两臂胸前平屈，拳心向下。

倒V（low V）　T（T）

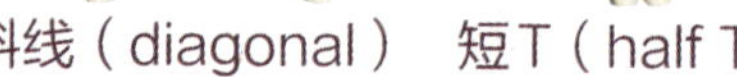

斜线（diagonal）　短T（half T）

9. 前X（front X）

···· 两臂交叉于体前，拳心向下。

10. 高X（high X）

···· 两臂交叉于头前上方，拳心向前。

11. 低X（low X）

···· 两臂交叉于体前下方，拳心向斜下。

12. 曲臂X（bend X）

····两臂交叉于胸前，拳心向内。

前X（front X）

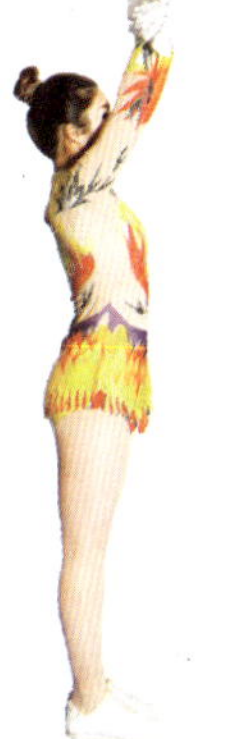

高X（high X）

低X（low X）

曲臂X（bend X）

13. 上A（up A）

····两臂上举，靠拢拳心相对。

啦啦操与健美操的区别

竞赛形式及分类不同；运动性质及特点不同；编排动作的内容不同；运动项目的内涵及受众不同。

14. 下A（down A）

····两臂胸前下伸，靠拢拳心相对。

15. 加油（applauding）

····两手握式击掌于胸前，肘关节向下，手低于下颌。

16. 上H（touch down）

····两臂上举，与肩同宽，拳心相对。

上A（up A）

下A（down A）

加油（applauding）

上H（touch down）

你知道吗?

“V”字形源于单词Victory，代表胜利；“H”字形源于单词Hero，代表英雄；“W”字形源于单词Win，代表赢得；“T”字形源于单词Team，代表团队。

17. 下H（low touch down）

····两臂前下伸，拳心相对。

18. 小H（little H）

····一臂上举，另一臂屈于胸前，双手握拳，拳心向内。

19. L（L）

···· 双手握拳，一臂上举，拳心向内，一臂侧平举，拳心向下。

20. 倒L（low L）

···· 双手握拳，一臂前下伸，一臂侧平举，拳心向下。

下H（low touch down）　　小H（little H）

L（L）

倒L（low L）

21. K（K）

···· 双手握拳，一臂前上举，一臂前下伸，拳心相对。

22. 侧K（side K）

···· 弓步，手臂动作同“K（K）”。

23. R（7R）

···· 一手头后屈，拳心向内，另一手向下冲拳，做“K”动作的一半，拳心向下。

你知道吗?

2016年12月，ICU（国际啦啦操联合会）被国际奥委会授予为期3年的临时认可。

24. 弓箭（bow and arrow）

···· 双手握拳，一臂胸前平屈，另一臂侧平举，拳心向下。

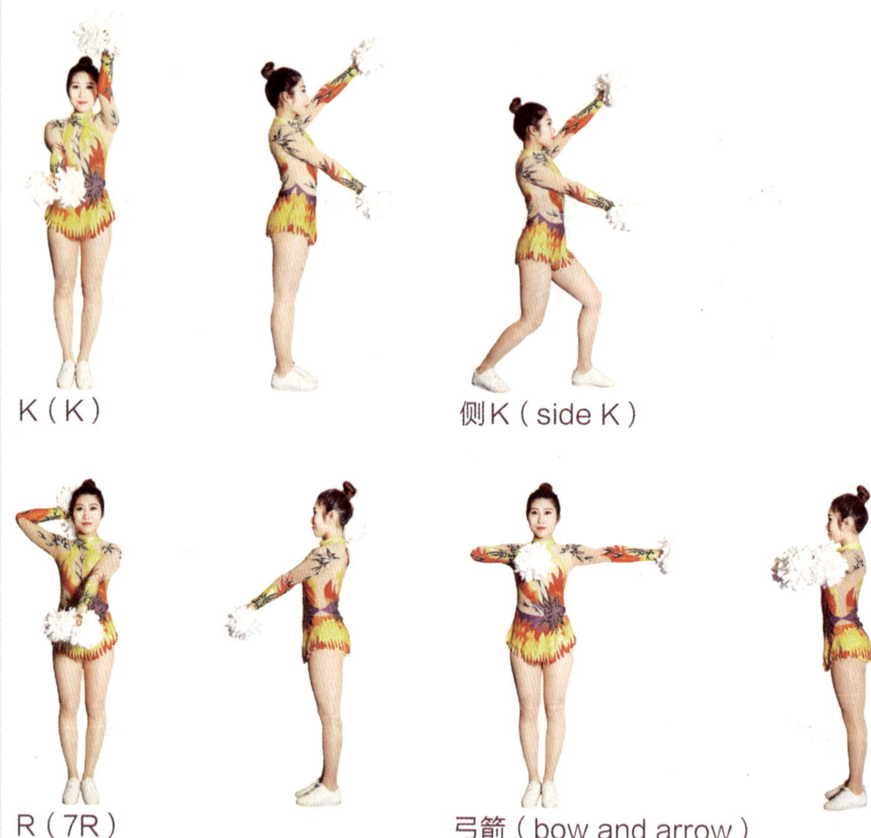

K（K）　侧K（side K）

R（7R）　弓箭（bow and arrow）

25. 小弓箭（bow）

···· 双手握拳，一臂侧平举，拳心向下，另一臂胸前屈，拳心向内。

26. 高冲拳（high punch）

···· 一臂前上举，拳心向内，另一手叉腰，拳心向后。

27. 侧下冲拳（low side punch）

···· 一手叉腰，拳心向后，另一臂做“倒V”动作的一半，拳心向后。

28. 斜下冲拳（low cross punch）

···· 右（左）手叉腰，左（右）臂向右（左）前下方冲拳，拳心向下。

小弓箭（bow）

高冲拳（high punch）

侧下冲拳（low side punch）

斜下冲拳（low cross punch）

29. 斜上冲拳（up cross punch）

···· 右（左）手叉腰，左（右）臂向右（左）前上方冲拳，拳心向下。

30. 短剑（half dagger）

···· 一臂叉腰，另一臂胸前屈，拳心向内。

31. 侧上冲拳（high side punch）

···· 一臂叉腰，另一臂侧上冲拳，拳心向外。

32. X（X）

···· 双腿开立，两臂头后平屈，拳心贴紧头部，肘关节外展。

你知道吗?

在技巧啦啦操中，翻转技术主要应用于翻腾、金字塔、托举及抛接的空中动作。翻转技术有前翻、后翻、侧翻等。如果根据运动员翻转时的身体形态可以分为直体、屈体以及团身等。

斜上冲拳（up cross punch）　短剑（half dagger）

侧上冲拳（high side punch）　X（X）

三、32个基本手位组合练习

32个基本手位组合（口令）

运用32个基本手位组合成套动作，利用多种手位组合强化动作记忆，提高动作质量，加强肌肉的本体感觉，加上简单的腿部动作，使手位组合内容丰富、灵活，有动感。根据音乐节奏每节操可做7~8个8拍。

预备动作并腿直立，双手握拳呈下M。

预备动作

第1小节

···· 第1个8拍：上M，同时左腿侧迈一步成两腿开立。

···· 第2个8拍：高V，并步。

···· 第3个8拍：左斜线，并步。

···· 第4个8拍：倒V，并步。

···· 第5个8拍：1—4拍左W，双腿直立。5—8拍右W，双腿直立。

···· 第6个8拍：前X，双腿直立。

···· 第7个8拍：1—4拍短T，双腿直立。5—8拍高X，双腿直立。

···· 第8个8拍：1—4拍曲臂X，双腿直立。5—8拍加油，双腿直立。

1X8 2X8 3X8 4X8

你知道吗?

抛接是技术技巧啦啦操中最重要的组成部分之一，也最为精彩。抛接主要是由多个底座队员用手将尖子队员抛入空中，然后再接入手中。抛接组合一般由4人组成，一人为扣肩接轿队员，一人为尖子队员，另外两人是抱扣躯干接轿队员。

5X8

6X8

7X8

8X8

你知道吗?

每星期安排2~3次，每次1~2小时健身训练为宜。如在饭前练习应休息半小时之后才能用餐；饭后练习则要在吃完饭休息1小时以上才能进行；晚上练习，要在临睡前两小时结束，以免因过度兴奋影响入睡。

第2小节（原地踏步，两拍一动）

…· 第9个8拍：1—2拍 下M。3—4拍上M。5—6拍左W。7—8拍右W。

1—2拍　　3—4拍
5—6拍　　7—8拍

···· 第10个8拍：1—2拍高V。3—4拍倒V。5—6 拍T。7—8拍低X。

1—2拍

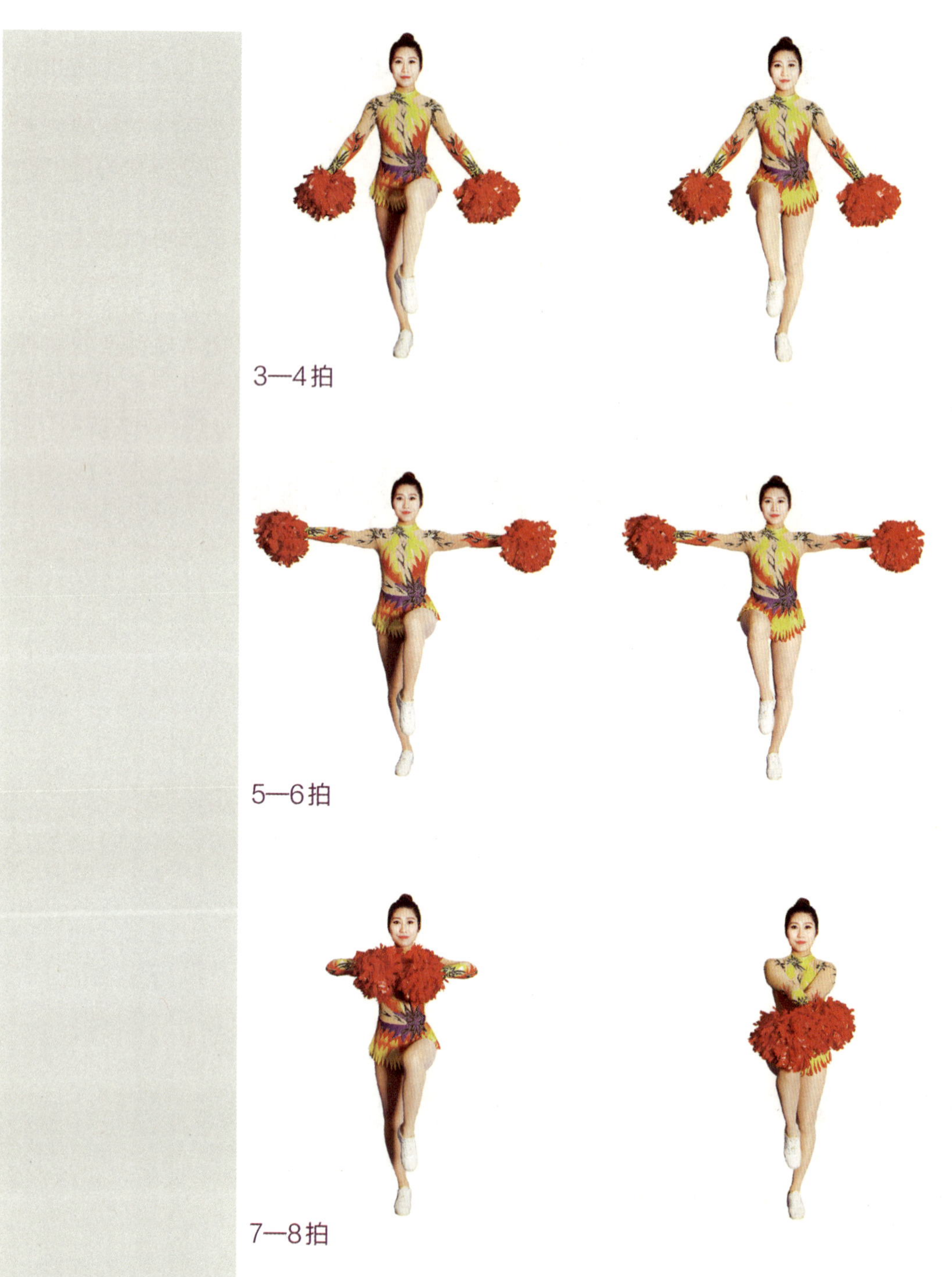

3—4拍

5—6拍

7—8拍

···· 第11个8拍：1—2拍斜线（右上）。3—4拍前X。5—6拍短T。7—8拍斜线（左上）。

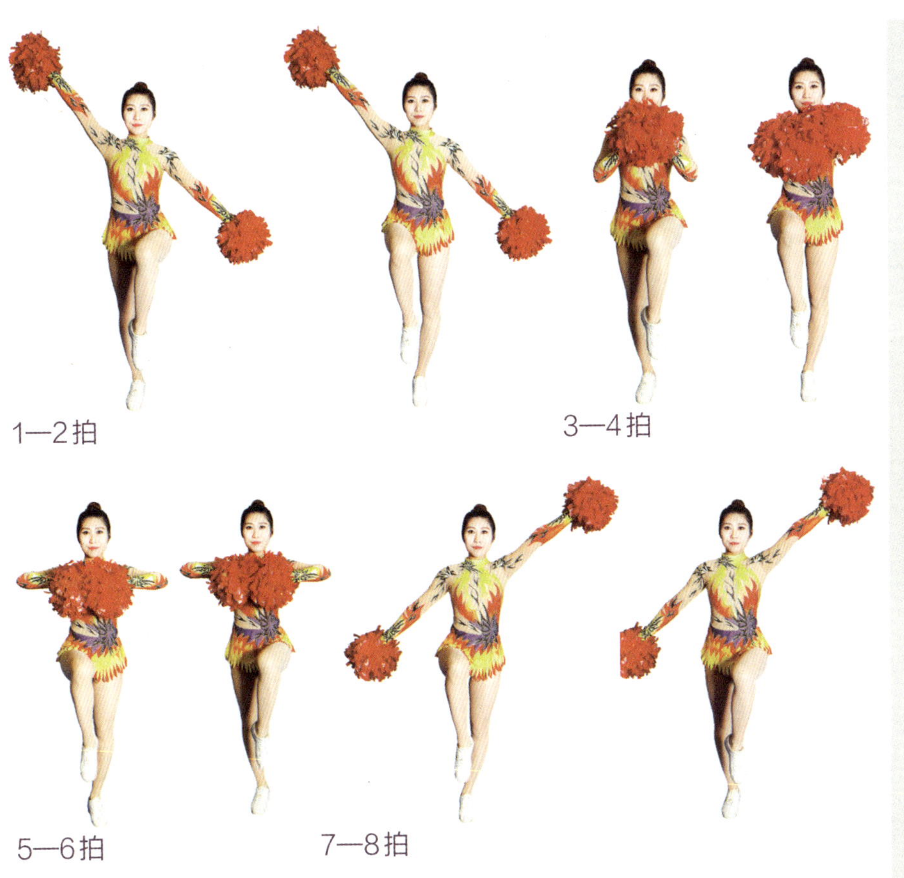
1—2拍　　3—4拍

5—6拍　　7—8拍

····第12个8拍：1—2拍 上H。3—4拍短T。5—6拍下H。7—8拍加油。

1—2拍　　3—4拍

你知道吗?

20世纪20年代，女性开始加入啦啦操运动，并且手持道具增添气氛，也把健美操、体操等动作融入其中。20世纪50年代，啦啦操运动在学校里得到全面发展。

5—6拍　　7—8拍

···· 第13个8拍：1—2拍 T。3—4拍上A。5—6拍曲臂X。7—8拍下X。

1—2拍

3—4拍　　5—6拍

7—8拍

…· 第14个8拍：1—2拍上M。3—4拍小H（右手上）。5—6拍前X。7—8拍小H（左手上）。

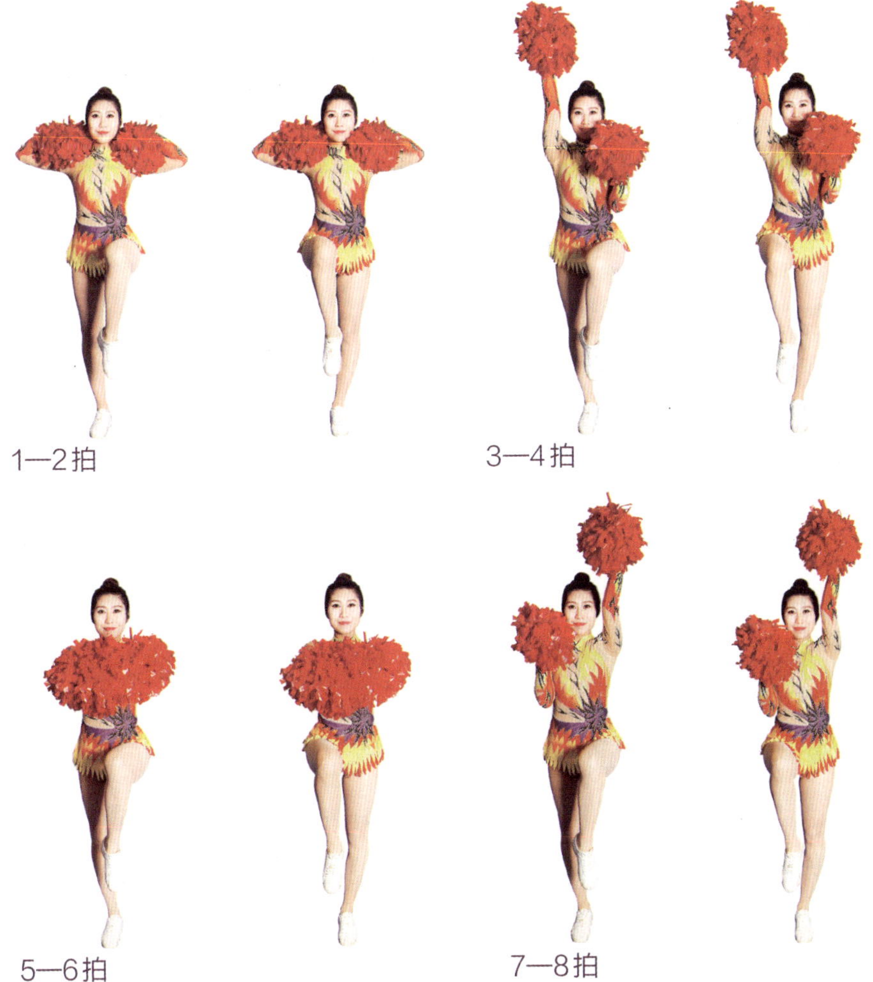
1—2拍　3—4拍

5—6拍　7—8拍

你知道吗？

有氧锻炼指人体体内的糖（或脂肪、蛋白质）在氧气的参与下，通过不断且较激烈的运动，分解释放大量的能量，最终达到减脂目的的一种锻炼手段。在有氧训练中，氧的供应是实现有氧氧化的先决条件。人体摄氧能力越大，有氧氧化水平也越高。长时间强度训练，可以增加血液中含氧细胞的数量，提高肌肉中酶从血液中摄取氧的能力。

···· 第15个8拍：1—2拍高V。3—4拍上A。5—6拍曲臂X。7—8拍倒V。

1—2拍　3—4拍

5—6拍　7—8拍

第3小节

···· 第16个8拍—第22个8拍的动作同第9个8拍—第15个8拍的动作。

第4小节

···· 第23个8拍（左右移动，两拍一动/一拍一动）：1—2拍左腿向左迈一步成半蹲，同时两臂成L（右上）。3—4拍右腿并于左腿旁成直立，上肢动作不变。 5—6拍左腿继续向左迈一步成半蹲，同时两臂成倒L（右下）。7—8拍右腿并于左腿旁成直立，上肢动作不变。

1—2拍　3—4拍　5—6拍　7—8拍

····第24个8拍动作同第23个8拍的动作，方向相反。

1—2拍　3—4拍　5—6拍　7—8拍

····第25个8拍：1—2拍左腿向左迈一步，两臂成右弓箭。3—4拍右腿并于左腿旁，上肢动作不变。5—6拍左腿继续向左迈一步，上肢动作不变。7—8拍右腿并于左腿旁，两臂成右小弓箭。

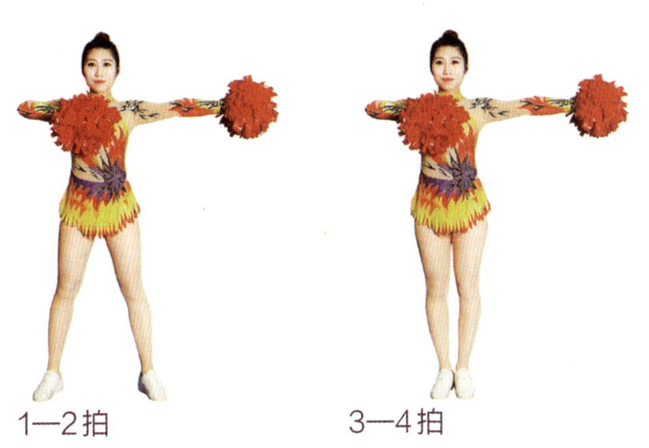

1—2拍　3—4拍

你知道吗?

技巧啦啦操注重空间的利用，包括地面空间和垂直空间。地面空间的运用通过队员的移动和队形变化来实现。垂直空间的运用体现在地面、低空、中空和高空4个不同层次空间的使用上。

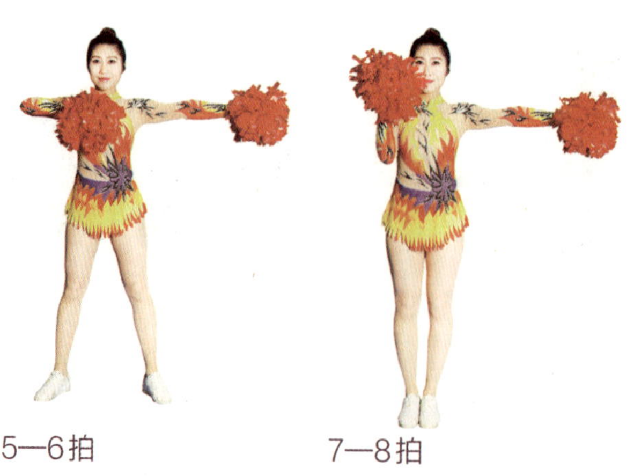
5—6拍　　7—8拍

····第26个8拍动作同第25个8拍的动作，方向相反。

····第27个8拍：1拍两臂成右上L，左腿向左迈一步。2拍两臂成右上L，右腿并于左腿旁。3拍两臂成右倒L，右腿向右迈一步。4拍两臂成右倒L，左腿并于右腿旁。5—8拍动作同1—4拍动作，方向相反。

1拍　　2拍　　3拍

4拍　　5拍　　6拍

7拍　　8拍

····第28个8拍：1—2拍两臂成左弓箭，左腿向左迈一步，成直立。3—4拍两臂成左小弓箭，左腿向左迈一步，成直立。5—6拍两臂成右弓箭，右腿向右迈一步，成直立。7—8拍两臂成右小弓箭，右腿向右迈一步，成直立。

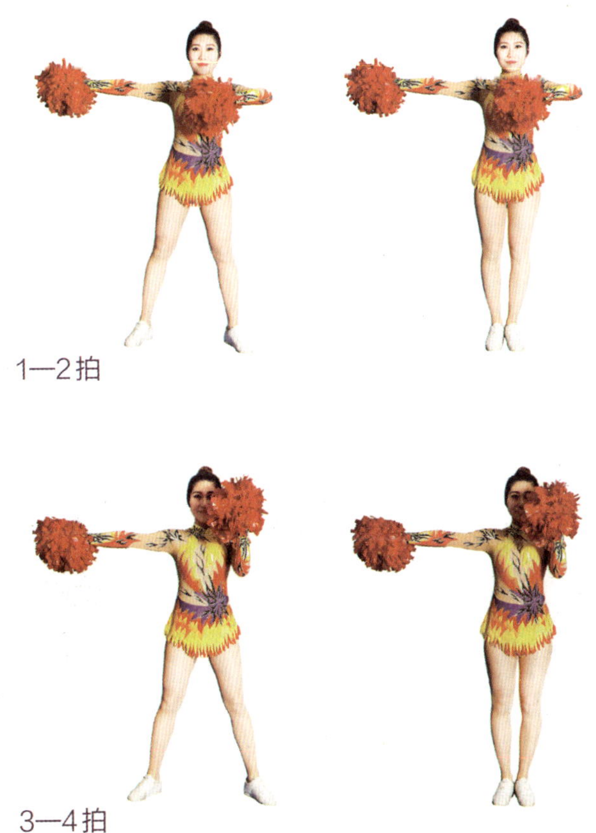
1—2拍

3—4拍

5—6拍

7—8拍

····第29个8拍：1—2拍两臂成短T，左腿向左迈一步，接着右腿并于左腿旁，成直立。3—4拍两臂成右小H，左腿向左迈一步，接着右腿并于左腿旁，成直立。5—6拍两臂成右倒L，左腿向左迈一步，接着右腿并于左腿旁，成直立。7—8拍两臂成右小弓箭，左腿向左迈一步，接着右腿并于左腿旁，成直立。

1—2拍　3—4拍

5—6拍

7—8拍

····第30个8拍：1—2拍两臂成左小H，左腿向左迈一步，右腿并于左腿旁，成直立。3—4拍两臂成左倒L，左腿向左迈一步，右腿并于左腿旁，成直立。5—6拍两臂成左弓箭，左腿向左迈一步，右腿并于左腿旁，成直立。7—8拍两臂成左小弓箭，左腿向左迈一步，右腿并于左腿旁，成直立。

1—2拍

3—4拍

你知道吗？

啦啦操比赛成套动作展示时间不得超过2分30秒。当比赛开始时，运动员必须至少有一只脚、一只手或身体的任何一部分（除了头发）接触地面。例外情况：当底座队员的手接触地面时，其他运动员可以站在底座队员的手上。

5—6拍

7—8拍

····第31个8拍：1—4拍两臂成高V，两腿左右移动。5—8拍两臂成R（右臂前、左臂后），两腿左右移动。

1—4拍　5—8拍

····第32个8拍：1—4拍两臂成倒V，右腿向右迈一步，左腿并于右腿旁，成直立。5—8拍两臂成R（左臂在前），两腿左右移动。

1—4拍　　5—8拍

第5小节

···· 第33个8拍—第36个8拍动作同第29个8拍—第32个8拍。

第6小节

···· 第37个8拍：原地踏步。

1—8拍

···· 第38个8拍：1—4拍两臂成右高冲拳，原地踏步。5—8拍两臂成右侧冲拳，原地踏步。

1—4拍　　5—8拍

你知道吗?

练习和比赛时，运动员必须在啦啦操专用地垫上进行技巧动作展示，且地面上不得有障碍物。禁止在混凝土、沥青、湿滑或不平坦的地面上操作动作。

···· 第39个8拍：1—4拍右臂向右斜上冲拳，原地踏步。5—8拍右臂向左斜下冲拳，原地踏步。

1—4拍　5—8拍

···· 第40个8拍：1—4拍左臂成左斜上高冲拳，原地踏步。5—8拍左臂向右斜下方冲拳，原地踏步。

1—4拍　5—8拍

···· 第41个8拍：1—4拍右臂向右侧上冲拳，原地踏步。5—7拍左臂向右斜下冲拳，原地踏步。8拍加油。

1—4拍　5—7拍　8拍

···· 第42个8拍：1—4拍两臂成左侧K，左腿向左侧跨出一步。5—8拍两臂成曲臂X。

1—4拍　　5—8拍

···· 第43个8拍：1—4拍两臂成右侧K，右腿向右侧跨出一步。5—8拍两臂成曲臂X。

1—4拍　　5—8拍

···· 第44个8拍：1—2拍右臂成右高冲拳，原地踏步。3—4拍右臂向右侧上冲拳，原地踏步。5—6拍右臂向左斜下冲拳，原地踏步。7—8拍右臂向左斜上冲拳，原地踏步。

1—2拍　　3—4拍

你知道吗？

强烈的节奏感是啦啦操运动的一大特征，因此在基本训练初期，节奏感的训练则成为不可缺少的内容。

要表现出较好的节奏感，除了进行肌肉控制练习外，还应该着重培养自己的音乐识别力，在音乐伴奏下，逐步辨识音乐节奏，并在音乐的伴奏下进行动作练习。

5—6拍　　7—8拍

····第45个8拍：1—2拍成左高冲拳，原地踏步。3—4拍成左侧下冲拳，原地踏步。5—6拍左臂向右斜下冲拳，原地踏步。7拍左臂向右斜上冲拳，原地踏步。8拍加油。

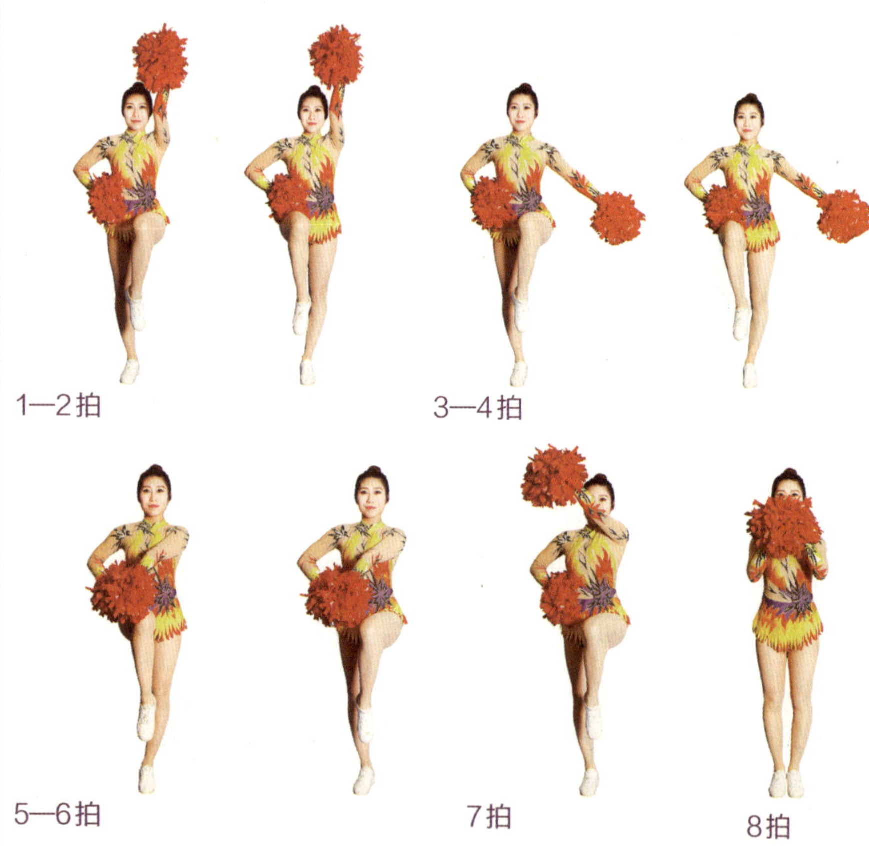

1—2拍　　3—4拍

5—6拍　　7拍　　8拍

····第46个8拍：1—2拍左腿跨出一步成左侧K。3—4拍双臂成X，左腿并于右腿旁。5—6拍右腿跨出一步成右侧K。7—8拍加油，右腿并于左腿旁。

1—2拍

3—4拍

5—6拍

7—8拍

32个基本手位组合（音乐）

练习方法

- 从基础动作练习开始，在此基础之上练习32个基本手位，熟练掌握动作。
- 掌握32个基本手位之后逐渐进行组合动作练习，在练习中找出动作规律，如路线、方向、节奏等，便于快速记忆和掌握动作。
- 选择的音乐以每10秒22~24拍为宜，开始学习时可以用节奏慢一点的音乐，之后可以用正常节奏或正式表演音乐。
- 在熟练掌握组合动作之后，可增加队形变换以提高练习难度。

参考曲目

····《what makes you beautiful》《快乐你懂的》

评价标准

等级	优秀（85~100分）	良好（75~84分）	合格（60~74分）
标准	态度认真，能够和同学合作学习，上课时自觉积极参加锻炼。动作准确，有力度，熟练完成成套动作，与节奏配合恰当，有感染力，表现力强，课后也能积极练习	学习态度较好，能参加锻炼，熟练掌握动作，动作部位准确，力度较好，节奏感较强，变现力较好	基本按时参加锻炼，动作基本标准，能在音乐的伴奏下完成动作，有一定的表现力

想一想

1. 请你说说啦啦操项目的代表人物都有谁。
2. 在运动中如果你的腿部肌肉拉伤了，你该如何处理呢？

第二节　舞蹈啦啦操

概述

舞蹈啦啦操借助舞蹈和表演的艺术形式与元素，结合啦啦操的项目特点，形成了不同风格舞蹈啦啦操，并且符合体育运动规律。在音乐的伴奏下，运用多种舞蹈元素的动作组合，如转体、跳步、平衡与柔韧等难度动作以及舞蹈的过渡连接技巧，通过空间、方向与队形的变化表现出不同的舞蹈风格特点，通过速度、力度与运动负荷，展示舞蹈技能及团队风采。舞蹈啦啦操融合了古典舞、民族舞、现代舞、爵士舞、拉丁舞、街舞、排舞、踢踏舞等多种舞蹈风格，不同风格的舞蹈啦啦操有花球舞蹈啦啦操、爵士舞蹈啦啦操、街舞舞蹈啦啦操和自由舞蹈啦啦操。

无论哪种风格的舞蹈啦啦操都是融艺术性、表演性、健身性、娱乐性于一体的，是一种充满激情、热情奔放、健康时尚的运动艺术形式。

你知道吗？

啦啦操基本姿势：双拳叉腰，双脚并立；双拳叉腰，双脚分开与肩同宽。

学习目标

- 了解舞蹈啦啦操的基本知识，学习基本动作，掌握基本动作的方法和要领。
- 学习套路组合动作，知道有关舞蹈啦啦操比赛的规则，加深对舞蹈啦啦操的理解，学会如何欣赏舞蹈啦啦操比赛。
- 适度加强器械训练，全面提高身体素质，塑身健体。
- 通过学习舞蹈啦啦操，培养律动感和表现力，并能运用到未来生活之中。

学法提示

1. 充分做好准备活动，使身体发热，提高肌肉和神经系统的兴奋度，尽快进入学习状态。
2. 了解舞蹈啦啦操动作的特点、运动规律、线路、节奏，以便于记忆、掌握动作。
3. 采用分解—完整、上肢—下肢、口令—配乐，由易到难、由简到繁的递进式学习方法。
4. 利用分组学习、合作式学习，探究式学习、自主学习等方法，锻炼自己的思维能力、创新能力、合作能力、判断力、表现力等。

你知道吗?

在早期的啦啦操队伍里，几乎全部是男性。1920年才有女性参与啦啦操。1940年女性成为啦啦操的主流，今天，97%的啦啦操队几乎都是女性。

实践与练习

本套舞蹈啦啦操是结合啦啦操的特点创编的，其中包含跑跳动作、地上动作、技巧动作、翻腾动作等。

你知道吗?

在啦啦操成套动作中，所有动作都应正确完美地完成，包括正确的身体姿态与手位、技术技巧、难度动作、道具运用。动作应清晰、有力度，保持一致性，具有较强的表现力，与音乐节奏准确配合。

一、第1小节—第4小节

第1小节

····准备动作：身体直立，目视前方。

····1—2拍：两腿开立，双手互握经胸前推至上举。

····3拍：双手互握拉至胸前，腿部动作不变。

····4拍：右腿收于左腿旁，右脚脚尖点地，屈膝半蹲，左臂握拳侧平举，右臂握拳放于体前。

····5拍：右腿做交叉步一次，双手握拳胸前平屈。

····6拍：腿部动作同第5拍，右臂变掌向左斜前方砍出。

····7拍：两腿开立，两臂斜上举。

····8拍：由上至下，双手握拳半蹲，向左转体90°。

舞蹈啦啦操（口令）

准备动作　1—2拍　3拍　4拍

5拍　6拍　7拍　8拍

你知道吗?

在舞蹈啦啦操成套动作中，难度分为3类：平衡转体类、跳跃类和踢腿类。

第2小节

···· 1—2拍：做V字步，两臂依次斜上举45°。

···· 3拍：两腿半蹲，右臂放于腹前，左臂放于体后，身体向左转45°。

···· 4拍：两腿开立，两臂斜上举。

···· 5拍：右腿向前一步成右弓步，左臂握拳放于胸前，右臂斜下伸。

···· 6拍：腿部动作同第5拍，左臂不动，与右臂交叉于胸前，左臂在前。

···· 7拍：左腿并于右腿旁成半蹲，两手握拳放于体侧。

···· 8拍：右腿抬起，左臂上举，右臂侧平举。

1—2拍 3拍 4拍

5拍 6拍 7拍 8拍

你知道吗?

技巧啦啦操4类难度动作：翻腾类、托举类、金字塔类和抛接类。每类动作最少出现一次。

第3小节

····1—2拍：右腿向前一步成右弓步，左臂前伸，右臂侧平举。

····3—4拍：双手收于胸前，转体360°。

····5拍： 两腿开立，两臂斜下举。

····6拍：屈右腿侧顶胯，右臂分指掌放于额前，左臂斜下举。

····7拍：两腿开立，两臂胸前做绕环。

····8拍：左腿吸于右腿旁，两臂向右侧伸出成右臂斜下举，左臂屈于胸前。

1—2拍 3—4拍

你知道吗?

欢呼与场外互动是啦啦操的一个独特特征。

通过响亮的欢呼和场外互动，啦啦队队员能够带动观众兴奋起来，使观众自然地为他们支持的队伍大声欢呼呐喊，同时增进运动员与观众的交流。

欢呼主要是在体育比赛中的中场休息或暂停时间里进行。

5拍　6拍　7拍　8拍

第4小节

···· 1拍：左腿向左侧迈出成左弓步，左臂斜上举，右臂前平举。
···· 2拍：右腿收于左腿旁，左臂侧平举，右臂胸前平屈。
···· 3拍：右腿向右迈一步，左臂上举，右臂屈于胸前，肘关节下垂。
···· 4拍：左腿并于右腿旁，双手胸前击掌。
···· 5—6拍：左手叉腰，右臂斜上举。
···· 7拍：重复第4拍动作。
···· 8拍：抬右腿，两臂斜下举，低头。

1拍　2拍　3拍　4拍
5—6拍　7拍　8拍

二、第5小节—第8小节

第5小节

····1—2拍：两腿开立，双臂前伸，同时头向左、右各侧屈一次。

····3—4拍：左、右腿各弹动一次，两臂握拳向下冲拳。

····5拍：跳成并步，两臂上举，拳心相对。

····6拍：左腿向前成左弓步，双臂侧屈，手触肩。

····7拍：双腿下蹲，两臂斜下举。

····8拍：起身成直立。

1—2拍

3—4拍

5拍　6拍　7拍　8拍

第6小节

···· 1拍：左腿向左迈出，右臂向左下侧冲拳。

···· 2拍：右腿收于左腿旁，右臂握拳斜上举，左臂叉腰。

···· 3—4拍：双腿分开成半蹲，两臂经头上绕环360°成侧平举。

···· 5—8拍：原地踏步，胸前击掌。

1拍　2拍　3—4拍

5—8拍

你知道吗？

技巧啦啦队包括Mixed（男女混合组）、All-Female（全女子组）和Partner stunts（舞伴特技）；还包括Pom（花球）、High kick（高踢腿）、Jazz（爵士）和Prop（道具）四个组别。

第7小节

···· 1—2拍：右腿做交叉步，右小臂在体侧绕环两周。

···· 3拍：右腿向右迈一步，右臂上举，左臂胸前屈，肘下垂。

···· 4拍：还原成直立。

···· 5拍：右腿向右迈一步，脚尖点地，右臂体侧绕环一周。

···· 6拍： 左腿向左迈一步，脚尖点地，左臂体侧绕环一周。

···· 7拍：两臂斜下举，头后屈。

···· 8拍：两臂胸前交叉，跳成直立。

1—2拍

3拍 4拍 5拍

6拍 7拍 8拍

拍手方式

扣紧式、鼓掌式。

第8小节

···· 1拍：右腿向右迈一步，右臂斜上举，左臂斜下举。

···· 2拍：双臂胸前平屈、重叠，双腿并拢。

···· 3—4拍：左腿向左做后交叉步，右小臂绕环一周，右臂向左侧冲拳。

···· 5拍：右腿向前成右弓步，两臂斜上举。

···· 6拍：左腿并于右腿旁，两臂胸前交叉。

····7拍：右腿后撤成左弓步，双手斜下举。

····8拍：重复第6拍动作。

1拍

2拍

3—4拍

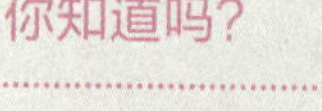

你知道吗?

成套啦啦操时间在2分15秒~2分30秒之间。

啦啦操比赛场地为12米×12米。

5拍　6拍　7拍　8拍

三、第9小节—第12小节

第9小节

····1—2拍：右腿后撤一步下蹲，双臂斜下举。

···· 3拍：立身，双手放于胸前。

···· 4拍：左腿向侧伸出，双臂上举。

···· 5—6拍：收左腿，双手用力敲击地面两次。

···· 7—8拍：向左侧滚动一周。

1—2拍

3拍

4拍

5—6拍

7—8拍

第10小节

···· 1—2拍：继续向左侧滚动一周。

···· 3拍：成跪立，右臂胸前屈肘，侧振。

···· 4拍：成跪立，左臂胸前屈肘，侧振。

···· 5拍：跪立，两臂斜上举。

···· 6拍：两臂交叉绕环一周。

···· 7拍：头上击掌一次。

···· 8拍：双手并拢置于胸前。

你知道吗？

编排啦啦操的原则：
（1）健身性和激情性；
（2）独特性；
（3）实践性；
（4）音乐旋律与动作节奏的吻合性。

1—2拍

3拍

4拍

5拍

6拍

7拍

8拍

第11小节

····1拍：跪立，右臂前伸，左臂斜上举，上身向左转45°。

····2拍：还原，双臂胸前平屈。

····3—8拍：向右滚动成直立。

1拍

2拍

3—8拍

第12小节

···· 1—2拍：右腿向右迈一步，双手握拳交叉向左斜下冲拳。

···· 3拍：右臂置于胸前，左手叉腰。

···· 4拍：双手互握，双腿半蹲，上身向左转体45°。

···· 5拍：右腿并于左腿旁，双手胸前击掌。

···· 6拍：右腿向右侧迈出一步，半蹲，右臂侧平举，左臂置于体前。

···· 7拍：重复第5拍动作。

···· 8拍：左腿向左侧迈出一步，半蹲，左臂侧平举，右臂置于体前。

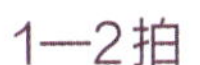

1—2拍

3拍

4拍

你知道吗?

根据啦啦队的表演形式与作用，啦啦队分为看台啦啦队和场地啦啦队。

你知道吗?

代表世界啦啦操最高水平的全美啦啦操队锦标赛参赛标准：队伍人数要在6~32人之间，分4个组别进行比赛，分别是业余组、中学组、大学组和全明星组。

5拍 6拍 7拍 8拍

四、第13小节—第16小节

第13小节

···· 1—2拍：双腿半蹲，两手拍腿两次。

···· 3—4拍：两腿伸直，两臂斜上举。

···· 5—8拍：分腿跳，双手经头上至下360°环绕。

1—2拍 3—4拍

5—8拍

第14小节

····1拍：左腿向前迈一步，手臂成左L。

····2拍：右腿并于左腿旁，放下双臂。

····3—4拍：原地跳转360°后成直立。

····5拍：右腿向右迈一步，右臂侧平举。

····6拍：收右腿成直立。

····7拍：左腿向前迈一步成左弓步，双手置于胸前。

····8拍：右腿并于左腿旁，双臂上举。

1拍　2拍　3—4拍

5拍　6拍　7拍　8拍

你知道吗?

世界啦啦操锦标赛每2年举办一届，日期为11月的前2个星期。

第15小节

····1—2拍：原地踏步，两臂斜下举。

····3拍：右腿向右迈一步，右臂斜上举，左臂斜下举。

····4拍：双腿半蹲，双手互握于体前，上身向左转45°。

····5拍：右腿向右成侧弓步，右臂胸前平屈，左臂侧平举。

····6拍：收右腿，右臂上举，左臂屈于胸前，肘下垂。

····7—8拍：双手叉腰，两腿依次向侧迈出。

1—2拍　3拍　4拍

5拍　6拍　7—8拍

舞蹈啦啦操（音乐）

第16小节

第16小节为技巧动作。可以根据实际情况和比赛要求创编双人动力性配合动作，也可做翻腾动作，如侧手翻、前滚翻、侧滚翻、风火轮、抛接等，也可使用道具，如标语等。最后以造型动作结束。

练习方法

- 复习啦啦操规定套路中的32个基本手位。
- 在练习成套动作时，可以先徒手练习，再持花球练习；先用口令练习，再配合音乐练习。
- 在学习动作过程中可利用录像的方式，互相观摩动作，纠正错误动作。

- 参与班级、学校啦啦操表演，体会啦啦操的魅力。

参考曲目

····《All for one》《Good time》《下个，路口，见》

评价标准

等级	优秀 （85~100 分）	良好 （75~84 分）	合格 （60~74 分）
标准	动作标准，位置准确，动作有力度，动作与节奏配合恰当，有感染力，平时能积极参加锻炼	动作比较标准，力度稍差，节奏感较强，认真参加锻炼	动作基本标准，能完成动作，基本按时参加锻炼

想一想

1. 除了手持花球进行舞蹈啦啦操表演，还可以手持什么道具进行表演呢?
2. 你知道转体、跳步、平衡与柔韧等难度动作都是什么吗?

第三节　爵士舞蹈啦啦操

概述

爵士舞蹈啦啦操是舞蹈啦啦操的一种，由多种爵士风格的舞蹈动作、队形变化、团体配合和难度动作等内容组成。爵士舞蹈啦啦操强调技术动作表现和身体控制的准确性、风格的连续性，以及团队动作的一致性，同时要有一定的运动负荷，表现出运动员的激情及团队配合精神。

其中难度动作是整套爵士舞蹈啦啦操的核心，动作的完成度影响着整套操的效果；动作的一致性是影响成绩的关键。高度一致地完成动作可以产生令人震撼的视觉冲击。

你知道吗?

啦啦操绚丽的服饰，柔美的身体线条，明快的节奏，流畅创新的队形变换培养了参与者的审美情趣。通过参与啦啦操训练能够促进身体健康，培养积极向上的精神。

> 你知道吗?
>
> 19世纪90年代，美国部分高校已经开始指定“啦啦队队长”，他们也被称作“呼喊王”“呐喊领袖”。美国明尼苏达大学的约翰尼坎贝尔是最先指定的呐喊领袖之一。有组织的呐喊助威成为了加强观众参与的一种途径，进一步加强了运动员与观众之间的良好互动。

学习目标

- 了解爵士舞蹈啦啦操的基本知识，学习基本动作、基本步法、基本手型和成套动作等。
- 学习爵士舞蹈啦啦操比赛的规则，学会观赏高水平爵士舞蹈啦啦操比赛。
- 通过学习爵士舞蹈啦啦操，培养控制身体的能力，并能运用到未来生活之中。

学法提示

1. 观看教学视频，了解爵士舞蹈啦啦操的运动特点和运动规律。
2. 练习时，节奏应由慢至快，循序渐进。
3. 先分节练习，再逐步增加难度做组合动作，最后配合音乐进行练习。
4. 熟练掌握动作后，可尝试自编动作、自选音乐。

实践与练习

一、第1小节—第7小节

第1小节

···· 准备动作：双手五指并拢背于腰后，身体背对正面，直立站好，目视前方。

···· 1拍：向后转，左脚向前迈一步，两臂打开斜下举。

···· 2拍：右脚向前迈一步，两臂侧平举。

···· 3拍：左脚向前迈一步，两臂打开斜上举。

···· 4拍：右腿收于左腿旁，屈膝半蹲，双臂由头上方屈肘向下，双手遮面，含胸低头。

···· 5—6拍：右脚向侧点地，双手向体侧推开成侧平举，抬头。

···· 7拍：右脚向左脚前方迈一步，向左转体45°，左臂自然下垂，右臂屈肘置于胸前。

····8拍：左腿收于右腿旁，屈膝半蹲，左臂屈肘，双手重叠于胸前，含胸低头。

爵士舞蹈
啦 啦 操
（口令）

第2小节

····1拍：右腿向后一步，脚尖点地，右臂斜上举，左臂不动，目视前方。

····2拍：腿部动作不变，左臂斜上举，目视前方。

····3拍：两腿并拢半蹲，双臂由上至下划至体侧。

····4拍：左脚立脚踝蹬地向左转体90°，右腿绷直抬至45°，双臂划至前平举。

····5—6拍：右腿向后做拖步，左脚脚尖点地，双臂由胸前交叉向下划至左臂斜下举，右臂斜上举。

····7—8拍：左脚并于右脚旁，直立站好，双臂放于体侧。

你知道吗？

新、稳、齐是啦啦操的核心要素；合、聚、美次之；力、快、难是基础；智、紧、巧起辅助陪衬作用。现代啦啦操运动多呈现出多个制胜要素相互渗透、相互作用的发展趋势。

1拍　2拍　3拍

4拍　5—6拍　7—8拍

第3小节

···· 1—4拍：左、右脚依次落地完成4次小跳步，在右耳侧屈臂击掌4次。

···· 5—7拍：左、右脚立踝依次向前跑3步（左脚—右脚—左脚），双臂经斜下举至侧平举，再抬至斜上举。

···· 8拍：右脚并与左脚旁，直立站好，双手放于体侧。

1—4拍

5—7拍　　8拍

第4小节

····1—4拍：左、右脚依次落地完成4次小跳步，在左耳侧屈臂击掌4次。

····5—7拍：左、右脚立踝依次向前跑3步（右脚—左脚—右脚），双臂经斜下举至侧平举，再抬至斜上举。

····8拍：左脚并于右脚旁，直立站好，双手放于体侧。

1—4拍

5—7拍　　8拍

你知道吗?

练习脚踝力量是一个非常重要的环节。练习时，可以跟着音乐节拍，踮脚站稳，在踮脚的时候要用力地把整个身体都抬起来。

第5小节

···· 1—2拍：左腿直腿向前迈一步，脚尖点地，右臂经体前向上举。

···· 3—4拍：左、右脚依次落地成开立，左臂经体前向上举，双臂再经体前划至体侧。

···· 5—6拍：右脚向前上步踢左腿，双手放于体侧。

···· 7—8拍：踢腿后，左脚落地，顺势单膝跪地，含胸低头。

1—2拍　3—4拍

5—6拍　7—8拍

第6小节

···· 1—2拍：双膝打开成跪立，双臂由胸前向体侧打开成侧平举。

···· 3—4拍：下肢动作不变，双手五指分开扶于头两侧，屈肘向外，头部逆时针转动360°。

···· 5—6拍：上左脚成单膝跪地，双手放于体侧，同时低头。

···· 7—8拍：上右脚站起，右脚侧点地，右臂斜上举。

1—2拍

3—4拍

5—6拍　　7—8拍

第7小节

···· 1—2拍：右脚并于左脚旁站直，两臂斜上举。

···· 3拍：下肢动作不变，身体向右转45°，两臂一前一后向下放。

···· 4拍：身体成直立。

···· 5拍：出右脚，双膝微屈，顶右胯，两臂屈于体前。

···· 6拍：顶左胯，双膝微屈，两臂屈于体前。

···· 7—8拍：重复5拍和6拍的动作。

1—2拍 3拍 4拍 5拍 6拍 7拍 8拍

你知道吗?

1884年，一位普林斯顿大学的毕业生汤姆·皮博斯将啦啦队这种比赛激励形式和美式足球这个运动项目传播到明尼苏达大学。

二、第8小节—第14小节

第8小节

····1拍：两腿开立立踝，两臂胸前腕交叉。

····2拍：两腿开立落脚跟，双臂屈于胸前，两手重叠遮住脸，低头。

····3—5拍：双手放于体侧，先迈左脚逆时针转360°。

····6—8拍：“C”跳后屈膝落地还原。

1拍　2拍

3—5拍

6—8拍

有氧操课程结构建议

准备活动5~10分钟；
基本部分15~30分钟；
力量或垫上部分10~15分钟；
放松伸展5~10分钟。

第9小节

···· 1—2拍：右腿后撤，单膝跪地，向右转体后双膝并拢跪立，双手放于体侧。

···· 3拍：两臂经体前上举。

···· 4拍：两臂侧平举。

···· 5拍：双手放于体侧。

···· 6—8拍：向右转体并坐下，双手打开放于体后，屈腿靠近身体，低头。

1—2拍　　3拍

4拍　　5拍

6—8拍

第10小节

···· 1—2拍：向前伸直左腿，抬头。

···· 3— 4拍：收回左腿，低头。

···· 5—6拍：向前伸直右腿，抬头。

···· 7—8拍：收回右腿，低头。

1—2拍

3—4拍

5—6拍

7—8拍

第11小节

···· 1—4拍：向右滚动成直立。

···· 5—8拍：分腿跳后成直立。

1—4拍

5—8拍

第12小节

···· 1—2拍：向后转身迈左脚，双手放于体侧。

···· 3—4拍：迈右脚。

···· 5—8拍：继续走4步，8拍时两臂上举。

1—2拍 　　3—4拍

5—8拍

第13小节

···· 1—2拍：向后转身，同时撤右脚，右脚脚尖点地，左臂

侧平举，右臂前平举。

···· 3—4拍：双臂屈于胸前，单足转体360°。

···· 5—6拍：双手放于体侧，双腿开立。

···· 7—8拍：顶左胯，左手叉腰，右手向右下方打两次响指。

1—2拍　3—4拍　5—6拍　7—8拍

你知道吗？

爵士舞蹈啦啦操是以爵士风格的舞蹈动作元素为基础，结合舞蹈啦啦操所特有的项目要求与特点，同时具有一定的运动负荷，表现激情及良好运用舞蹈能力的体育项目。

第14小节

···· 1—4拍：两臂打开成侧平举，平转两周。

···· 5—8拍：开立站直，右臂上举。

1—4拍

5—8拍

你知道吗？

我们每周应参加3次锻炼，每次锻炼时间在12分钟以上，心率保持在自己最大心率 的60%~85%左右。有氧运动心率=（220−年龄）×（60%~85%）。无氧运动心率=（220−年龄）×85%以上。

练习方法

- 观看爵士舞蹈啦啦操视频，体会、理解爵士舞蹈啦啦操的特点。
- 分节学习，练习中突破难点动作，记忆动作路线，理解音乐。
- 经常进行小组和个人展示，提高欣赏能力、判断力和表现力。
- 在本节课的学习内容基础上试着进行改编和创编。

参考曲目

····《我的红玫瑰》《Sky》（纯音乐）

评价标准

等级	优秀（85~100 分）	良好（75~84 分）	合格（60~74 分）
标准	动作标准，熟练掌握动作，动作与节奏配合恰当，有感染力，平时能积极参加锻炼	动作比较标准，节奏感较强，认真、准时参加锻炼	动作基本标准，能完成动作，基本能按时参加锻炼

爵士舞蹈啦啦操（音乐）

想一想

1. 你知道运动时的安全心率是多少吗？
2. 爵士舞蹈啦啦操与舞蹈啦啦操的区别在哪里？

第三章
交谊舞

概述

交谊舞是一项男女双人配合、竞技性的体育舞蹈项目，其种类很多，历史悠久，流行于世界，是当今社会娱乐和交往中的一项优雅高尚的文体活动。跳交谊舞不仅能锻炼身体，健康身心，交流感情，陶冶情操，塑造优美的身体形态，还可以培养良好的气质，提高人际交往的水平和能力。

舞会的礼节

交谊舞有它独特的礼节，在跳舞时舞者应注意自己的言谈举止。

穿着应整齐大方、整洁美观。衣、裙不要过紧，不然会影响跳舞的动作；鞋要轻便。

在舞场上，一般是男方邀请女方，男方走到女方前，向女方鞠躬时伸出左手，并轻声地说："请您跳舞好吗？"女方同意即为舞伴，一同步入舞池。

无论是在跳舞还是在练习过程中，舞伴都应该文明礼貌，和睦相处，互帮互助。在配合的过程中发挥优势，尽快地掌握各种舞蹈动作。

学习要点

- 了解交谊舞，并能掌握交谊舞的基础知识，通过学习体验跳交谊舞带来的乐趣。
- 学习基本站位和华尔兹舞、伦巴舞的基本技术和练习方法，培养正确、优美的舞姿和与他人合作的能力。
- 掌握交谊舞的成套动作组合，能够自编动作参加舞会表演，提高社交能力和创新能力。

基础知识

1. 14-15世纪，在意大利出现了社交舞。14世纪末，民间舞蹈进入宫廷，朴素、热情、奔放的民间舞蹈发展成为舞会舞和宫廷舞，有了庄重和严肃的特点。15世纪晚期，宫廷舞已成为上层社会进行社会交往活动的一种手段。
2. 1768年，在巴黎出现了第一家交际舞舞厅，从此，交谊舞在西方社会中流行开来。
3. 华尔兹舞，也叫圆舞，有"舞中之后"之称。"华尔兹"一词最初来自古德文"Waltz"，意为"滚动""旋转""滑动"。
4. 伦巴舞是由古巴民间舞蹈吸收16世纪非洲黑人舞蹈和西班牙"波莱罗"舞蹈逐渐发展而成的。伦巴舞是表现爱情的舞蹈，被誉为"拉丁舞之魂"。
5. 交谊舞早在20世纪30年代就传入中国，先在上海，后在天津、广州等大城市流行，逐渐成为一种自娱性较强的普通交谊舞形式。

第一节　基本动作与舞姿

概述

按照舞蹈的风格和技术结构，体育舞蹈分为标准舞和拉丁舞两大类。标准舞包括华尔兹舞、探戈舞、狐步舞、快步舞、维也纳华尔兹舞。拉丁舞包括伦巴舞、桑巴舞、恰恰舞、斗牛舞和牛仔舞。

学习目标

- 了解交谊舞相关礼仪知识和一般舞会礼节。
- 学习交谊舞的基本动作及3种基本舞姿。
- 培养与舞伴沟通和默契合作的基本能力。

学法提示

1. 观看教学视频，了解有关交谊舞的礼仪知识和着装要求。
2. 在教师的指导下，练习基本动作与舞姿。
3. 聆听不同的舞曲，辨别音乐与舞蹈节奏的特点。
4. 练习基本站位，掌握动作要领。

实践与练习

一、准备姿势

（一）脚的位置

交谊舞中脚的基本位置是正步，要求两脚平行站立，脚尖向正前方，两腿微屈膝，身体直立，髋部上提。

（二）身体位置

1. 男士标准站姿

脚正步位置，双膝微屈，挺胸收腹，重心向前，两臂向两侧展开，左臂向上，手的虎口向上，右臂肘关节微屈侧平举。

舞会的服装

交谊舞是一种社交活动，出现在公共场所，活动中有一定的着装要求。

男士：可选择合体单色长袖衬衫与西服，佩戴领带或领结。如果要参加比赛，可根据舞种，穿燕尾服，这样具有端庄、华丽的绅士气质。

女士：可选择连衣裙和大摆裙。如果参加比赛，可根据舞种，选择色彩夺目的舞裙。服装上部紧凑，下部宽松、飘逸，起舞时会具有动感和浪漫的情趣。

舞者不要穿背心、短裤、拖鞋，以及不适合舞厅的所有休闲装，这些都是失礼的行为。

男士带舞

交谊舞中，男士起带舞的作用，也就是起决定性作用。男士带舞时要注意：

（1）男士只能用右手给女士以清晰明确的信号，切忌用左手拉或推（除女士离男士太远外）。这样不会破坏跳舞的正确姿势和女士的稳定性、平衡感，使男女动作协调一致。

如果男士向后退，应用右手整个手掌轻压女士背部，以表示女士要跟上向前走；若男士向前进，应稍减轻右手掌的压力，以表示女士要向后退；若男士要女士右转，应用右手掌根，在女士背部轻轻地压一下；若男士要女士左转，应用右手手指在女士背部轻轻地压一下。

（2）男士带舞，要在跳舞之前听到音乐就决定跳什么样的舞（如慢四步还是探戈舞），以及确定舞步的节拍。

（3）国际上一般都是男士左脚起步（女士右脚起步）。男士在起舞前身体

男士标准站姿

2. 女士标准站姿

···· 脚正步位置，双膝微屈，身体稍后倾，两臂向两侧展开，右臂向上，左臂肘关节微屈侧平举。

女士标准站姿

（三）手的持握

1. 男士标准持握

···· 左手握住女士右手掌心处，其高度在女士耳峰处，右手掌放在女士左肩胛骨下方，不超过女士背部中线。

2. 女士标准持握

···· 左手张开虎口，放在男士右大臂三角肌处，左臂放在男士右小臂上，右手虎口握住男士左手大拇指根。

手的持握

稍向后倾表示起步，或先把左脚向后撤一小步表示对女士的礼貌谦让。如音乐节奏较快，舞步就应小一些；如音乐节奏较慢，舞步相应大一些；如男女高矮相差较大，男士要随时调整自己舞步的大小，以免女士跟起来吃力。

二、基本舞姿

（一）闭式舞姿

1. 基本姿势

····微屈膝，身体直立，面对面站好。

····男士左手与女士右手虎口相对握好，男士右手五指并拢放在女士左肩胛骨下面，女士左手放在男士右大臂三角肌处。男士身体的中央线对着女士身体的右外侧，挺胸收腹，女士头部稍后倾，双方身体的重叠部分为1/2。

····男士视线要对着女士右手到头部中间位置，女士视线从男士右肩膀上方平视。

基本姿势

你知道吗？

布鲁斯舞，即慢四步舞，其舞曲来源于具有忧伤感的美国流行音乐Blues。布鲁斯舞舞步简练，易于掌握，具有斯文、高雅的气度，被称为启蒙舞蹈。

2. 闭式单牵手、闭式双牵手

····男、女相对站立，相隔一步左右。

····男士右臂屈肘，掌心向上握女士左手，女士左臂微屈。男士左臂、女士右臂稍屈肘侧平举，手自然伸展，此为闭式单牵手。男士双手牵女士双手，则为闭式双牵手。

闭式单牵手

闭式双牵手

（二）开式舞姿

1. 基本姿势

···· 开式舞姿是从闭式舞姿变化身体方向形成的。

···· 男士右侧与女士左侧相贴，身体略向左右打开，两人身体呈“V”字形。

···· 双方的视线集中在握手的延伸方向。

基本姿势

2. 开式单牵手

···· 男、女面向同一方向，左右相隔一步。

···· 男士左手握女士右手，男士左臂、女士右臂屈肘侧平举，平

你知道吗？

跳慢四步、狐步舞，探戈舞、华尔兹等舞蹈时不要扭动臀部，腰和胯也要保持稳定，不要左右摇摆。只有这样跳舞才会显得庄重、文雅、大方、流畅。

视前方。

开式单牵手

（三）侧式舞姿

1. 基本姿势

···· 侧式舞姿是在闭式舞姿的基础上，男士右侧身体与女士左侧身体接触，脚步成“V”字形，身体稍前倾。

···· 男士直立，女士头部后倾至肩后。

2. 外侧式舞姿

···· 男士身体直立，挺胸收腹，左臂屈肘向上举，右臂微屈肘放在女士左肩胛骨下方，右脚在前，左脚在后。女士右脚在前，左脚在后，上体动作同侧式舞姿。

基本姿势

外侧式舞姿

女士跟舞

女士跟舞是较容易的，只要掌握基本舞步和变换花样，就能自如地跟上男士的舞步。女士跟舞应注意：

（1）不要紧张，否则全身肌肉用力不当会影响正确的跳舞姿势和身体平衡，产生与男士对抗的感觉。

（2）不要把自己的舞步或花样以及迈步的方向强加于男士。

（3）保持正确姿势，身体挺起来，双肩自然放松，上体稍向后倾，肌肉松弛。注意男士的右手信号和音乐节奏。

评价标准

等级	优秀（85~100 分）	良好（75~84 分）	合格（60~74 分）
标准	能熟练完成基本动作与舞姿，双人舞姿配合默契，富有表现力	能较好完成基本动作与舞姿，节奏准确，姿态优美	基本完成基本动作与舞姿，有一定的节奏感，姿态较好

想一想

1. 舞会上，女士应穿着什么样的服装？
2. 交谊舞起源于哪个世纪？

第二节　华尔兹舞

概述

华尔兹舞，也称“慢三步”。华尔兹舞动作流畅起伏、婉转多变，舞姿飘逸洒脱、雍容华贵、庄重高雅。华尔兹舞的配乐一般华丽且节奏鲜明。

学习目标

- 学习华尔兹舞的基本舞步。
- 能够运用所掌握的基本舞步，编排一套简单组合动作并在音乐的伴奏下进行表演。

学法提示

1. 重点练习跳舞时身体重心的起伏。
2. 把所学的舞步组合起来配合音乐进行练习。
3. 结合舞蹈的节拍和特点，选用多首自己喜欢的音乐进行练习。
4. 运用各种基本舞步与音乐，自编一套动作进行表演。

实践与练习

一、基本舞步

（一）前进步

准备动作：闭式舞姿，面对舞程线（舞蹈运行的方向）。

华尔兹基本舞步

第1小节

1拍：男士左脚前进一步，重心在左脚。
女士右脚后退一步，重心在右脚。

2拍：男士右脚前进一步，重心在右脚。
女士左脚后退一步，重心在左脚。

3拍：男士左脚前进一步，重心在左脚。
女士右脚后退一步，重心在右脚。

1拍

2拍

3拍

第2小节

1拍：男士右脚前进一步，重心在右脚。
女士左脚后退一步，重心在左脚。

2拍：男士左脚前进一步，重心在左脚。
女士右脚后退一步，重心在右脚。

3拍：男士右脚前进一步，重心在右脚。
女士左脚后退一步，重心在左脚。

1拍

2拍

3拍

（二）左转步

……准备动作：闭式舞姿，面对舞程线。

……1拍：男士右脚后退一步，重心在右脚。
女士左脚前进一步，重心在左脚。

……2拍：男士左脚向侧一步，身体左转90°。
女士右脚向侧一步，身体左转90°。

……3拍：男士右脚前进一步，身体继续左转90°。
女士左脚后退一步，身体继续左转90°。

你知道吗?

浪漫的气氛、美妙的音乐、异性舞伴领舞、花样繁多的交谊舞，这一切使得健身变得有趣、容易，健身效果也明显比其他方式来得更有效。

1拍

2拍

3拍

（三）右转步

····准备动作：闭式舞姿，面对舞程线。

····1拍：男士左脚后退一步，重心在左脚。

女士右脚前进一步，重心在右脚。

····2拍：男士右脚向侧一步，身体右转90°。

女士左脚向侧一步，身体右转90°。

····3拍：男士左脚后退一步，身体继续右转90°。

女士右脚前进一步，身体继续右转90°。

1拍

2拍

3拍

（四）前进交叉步

····准备动作：闭式舞姿，面对舞程线。

第1小节

····1拍：男士左脚向右斜前方前进一步，与右脚形成交叉步。

女士右脚向左斜后方退一步，与左脚形成交叉步。

····2拍：男士右脚前进一步。

女士左脚后退一步。

····3拍：男士左脚前进一步，身体左转90°。

女士右脚后退一步，身体左转90°。

1拍

2拍

3拍

第2小节

····1拍：男士右脚前进一步，身体左转90°。
女士左脚后退一步，身体左转90°。

····2拍：男士左脚前进一步。
女士右脚后退一步。

····3拍：男士右脚前进一步，身体右转90°。
女士左脚后退一步，身体右转90°。

1拍

2拍

3拍

（五）后退交叉步

····准备动作：闭式舞姿，面对舞程线。

第1小节

····1拍：男士右脚后退一步。

女士左脚前进一步。

····2拍：男士左脚后退一步，身体左转90°。

女士右脚前进一步，身体左转90°。

····3拍：男士右脚后退一步。

女士左脚前进一步。

1拍

2拍

3拍

第2小节

····1拍：男士左脚向右斜后方后退一步，与右脚形成交叉步。

女士右脚向左斜前方前进一步，与左脚形成交叉步。

····2拍：男士右脚后退一步，身体右转90°。

女士左脚前进一步，身体右转90°。

····3拍：男士左脚后退一步，重心在左脚。

女士右脚前进一步，重心在右脚。

1拍

2拍

3拍

（六）纺织步

准备动作：侧式舞姿，面对舞程线。

第1小节

1拍：男士右脚向前一小步，身体左转45°。
女士左脚向前一步，身体左转45°。

2拍：男士左脚向前一小步，身体继续左转45°。
女士右脚向前一大步，身体继续左转135°。

3拍：男士右脚后退一步，身体继续左转135°。
女士左脚向前一步，身体继续左转90°。

1拍　2拍　3拍

你知道吗？

跳交谊舞，先要“搭好架子”，即身体要有一个很好的架形。在舞动起来之前，伸脖平视、挺胸、提胯、垂肩、收腹，这一套动作，不仅使人的站立形象端庄、大方、高雅，而且对身体也有极大的好处：通过伸颈使颈椎得到拉伸，大大减轻椎骨对颈椎神经的压迫；提胯收腹可以使腰椎得到拉伸，对腰椎病有很好的治疗作用。

第2小节

1拍：男士左脚后退一小步，身体左转45°。
女士右脚向前一步，在男士右脚外侧。

2拍：男士右脚后退一小步，身体继续左转45°。
女士左脚向前一步，放在男士两脚之间。

3拍：男士左脚向前一步，身体继续左转90°。
女士右脚向前一大步，放在男士两脚之间。

注意：纺织步共有4小节，第3小节与第1小节动作相同，第4小节与第2小节动作相同。

1拍

2拍

3拍

二、舞步组合

···· 动作1：前进步（8次），男女交换方向做2遍。

···· 动作2：前进步（2次，男女交换方向做），左转步（1次），前进步（2次，男女交换方向做），右转步（1次），共做2遍。

···· 动作3：前进步（2次），左转步（1次），右转步（1次），前进交叉步（1次），后退交叉步（1次），共做2遍。

···· 动作4：前进步（2次），左转步（1次），前进步（1次），右转步（1次），纺织步（1次），共做2遍。

···· 动作5：前进步（1次），前进交叉步（1次），后退交叉步（1次），前进步（1次），左转步（1次），前进步（1次），右转步（1次），纺织步（2次），做3～4遍。

参考曲目

····《小夜曲》《蓝色多瑙河》《我爱祖国的蓝天》

评价标准

等级	优秀（85~100分）	良好（75~84分）	合格（60~74分）
标准	熟练完成华尔兹舞步的组合动作，双人舞姿配合默契、优美，富有表现力，动作与音乐融为一体	能较好完成华尔兹舞步的组合动作，节奏准确，姿态优美，音乐配合较好	基本完成华尔兹舞步的组合动作，有一定的节奏感，姿态较好，能与音乐配合

华尔兹舞步组合

想一想

1. 华尔兹舞有哪些特点?
2. 交谊舞有哪几种? 它们之间有什么不同?

第三节　伦巴舞

概述

伦巴舞起源于古巴，主要由古巴的土著人和移居古巴的非洲黑人的民间舞蹈融合而成。它具有独特的舞蹈风格，以髋部摆动为核心展示舞姿的柔媚，动作浪漫，能最大限度地展现人体的曲线美。

学习目标

- 学习伦巴舞的基本舞步。
- 能够运用所掌握的基本舞步，编排一套简单组合并在音乐伴奏下进行表演。

学法提示

1. 练习髋部的摆动，要呈“∞”形，才能正确掌握舞步的重点。
2. 在练习时注意舞步不要过大，这样才能充分展示舞姿。

你知道吗？

交谊舞是一种将音乐、艺术、体育与娱乐四者融为一体的、有益于身心健康的健身方式，既能活跃人体机能、调节神经、强健身体，又能唤起兴奋的情绪、消除疲劳、陶冶情操等。以欢乐的心情跳舞，也让自己的舞伴感到欢愉，一曲终了时能心满意足，这才是交谊舞的真正目的。

实践与练习

一、基本舞步

（一）侧踏步

准备动作：男女相对站位，双手相牵。

第1小节

1拍：男士左脚向左踏一步。
女士右脚向右踏一步。

2拍：男士右脚向左脚并一步。

女士左脚向右脚并一步。

3拍：男士左脚向左踏一步。

女士右脚向右踏一步。

4拍：男士右脚向左脚并一步。

女士左脚向右脚并一步。

伦巴基本舞步

第2小节

1拍：男士右脚向右踏一步。

女士左脚向左踏一步。

2拍：男士左脚向右脚并一步。

女士右脚向左脚并一步。

3拍：男士右脚向右踏一步。

女士左脚向左踏一步。

4拍：男士左脚向右脚并一步。

女士右脚向左脚并一步。

1拍　2拍　3拍　4拍

（二）牵手转

准备动作：男女相对站位，双手相牵。

第1小节

1拍：男士左脚向左侧踏一步，右臂上举握住女士左手，左臂侧平举。

女士右脚向右侧踏一步，身体向右转45°，左臂上举握住男士右手，右臂侧平举。

····2拍：男士右脚并向左脚。

女士左脚向右一步，身体向右转135°。

····3拍：男士左脚向左一步，右手牵女士左手。

女士右脚向右一步，身体向右转180°。

····4拍：男士右脚并向左脚，重心在左脚。

女士左脚并向右脚，重心在右脚。

男女双手相牵。

1拍　2拍

3拍　4拍

第2小节

····1拍：男士身体向右转45°，右脚向右一步，左手握住女士右手，右臂侧平举。

女士身体向左转45°，左脚向左一步，右手握住男士左手，左臂侧平举。

····2拍：男士身体继续向右转135°，左脚向左一步，左手握住女士右手，右臂侧平举。

女士身体继续向左转135°，右脚向右一步，右手握住男士左手，左臂侧平举。

····3拍：男士身体右转180°，右脚向右一步。

女士身体左转180° ，左脚向左一步。

两人双手互牵。

····4拍：男士左脚并向右脚，重心在右脚。

女士右脚并向左脚，重心在左脚。

两人双手互牵。

1拍　2拍　3拍　4拍

你知道吗？

舞蹈是一种生命情调的跃动，听到古今中外各种轻松、活泼、热情、奔放、抒情、缠绵、委婉、悦耳及流畅高雅的音乐曲调，就会情不自禁、急不可待地步入舞池翩翩起舞，即使不跳舞，坐在一边欣赏音乐和他人的舞姿，也是一种精神上的享受。

第3小节

····1拍：男士左脚向左踏一步。

女士右脚向右踏一步。

…… 2拍：男士右脚向左脚并一步。

女士左脚向右脚并一步。

…… 3拍：男士左脚向左踏一步。

女士右脚向右踏一步。

…… 4拍：男士右脚向左脚并一步，重心在左脚。

女士左脚向右脚并一步，重心在右脚。

注意：牵手转共有6小节，第4、5、6小节的动作与第1、2、3小节的相同，但是方向相反。

（三）左右横移步

…… 准备动作：男女平行站位，双手交叉相牵。

第1小节

…… 1拍：男士左脚向左侧一步，左臂腹前屈肘握女士左手，右臂屈肘握女士右手。

女士右脚向右侧一步，左臂屈肘握男士左手，右臂屈肘握男士右手。

…… 2拍：男士右脚并向左脚，手臂动作不变。

女士左脚并向右脚，手臂动作不变。

…… 3拍：动作同1拍。

…… 4拍：男士右脚并向左脚，手臂动作不变。重心在左脚。

女士左脚并向右脚，手臂动作不变。重心在右脚。

1拍　　2拍

3拍　　4拍

第2小节

····1拍：男士右脚向右一小步，左臂侧上举握女士左手，右臂屈肘侧平举握女士右手。

女士左脚向左一大步，左臂侧上举握男士左手，右臂侧平举握男士右手。

····2拍：男士左脚并向右脚，左臂斜上举握女士左手，右臂侧上举握女士右手。

女士右脚并向左脚，左臂斜上举握男士左手，右臂侧上举握男士右手。

····3拍：男士右脚向右一小步，左臂胸前屈肘握女士左手，右臂侧上举握女士右手。

女士左脚向左一大步，左臂侧平举握男士左手，右臂侧上举握男士右手。

····4拍：男士左脚并向右脚，左臂侧上举握女士左手，右臂屈肘侧平举握女士右手。

女士右脚并向左脚，左臂侧上举握男士左手，右臂侧平举握男士右手。

1拍
2拍
3拍
4拍

第3小节

····1拍：男士左脚向左一小步，左臂胸前屈肘握女士左手，右臂侧上举握女士右手。

女士右脚向右一大步，左臂侧平举握男士左手，右臂侧上举握男士右手。

····2拍：男士右脚原地踏步，左臂屈肘侧上举握女士左手，右臂侧平举握女士右手。

女士左脚并向右脚，左臂侧上举握男士左手，右臂侧平举握男士右手。

····3拍：男士左脚继续向左一步，左臂胸前屈肘握女士左手，右臂侧上举握女士右手。

女士右脚向右一大步，左臂侧平举握男士左手，右臂侧上举握男士右手。

····4拍：男士右脚并向左脚，重心在左脚，左臂胸前屈肘握女士左手，右臂侧上举握女士右手。

女士左脚并向右脚，重心在右脚，左臂侧平举握男士左手，右臂上举握男士右手。

注意：左右横移步共6小节，第4、5、6小节动作与第1、2、3小节相同，但方向相反。

1拍

2拍

3拍

4拍

你知道吗？

跳上一场快四舞，就像一阵旋转的轻风在舞池当中飘荡，此时此刻，会忘掉年龄、忘掉烦恼，焕发出青春的活力。总之，只要置身于各种形式的舞会氛围中，在那优美动听的交谊舞曲旋律下妙步轻舞，你得到的将是轻松、欢快、温馨和愉悦的美好享受。

桑巴舞

起源于巴西，音乐热烈，舞态富有动感，舞步摇曳多变，深受人们的喜爱。

（四）套环步

···· 准备动作：男女平行站位，单手相牵。

第1小节

···· 1拍：男士左脚向前一步，左臂屈肘握女士右手，右臂侧平举。

女士右脚原地不动，身体在原地自转180°，左臂胸前屈肘，右臂侧平举握男士左手，重心在右脚。

···· 2拍：男士右脚向前一步，左臂侧平举放至女士身后右侧握住女士右手。

女士左脚原地不动，身体继续右转180°，左臂胸前屈肘，右臂屈肘握男士左手，重心在左脚。

···· 3拍：男士左脚向前一步，左臂放至女士身后左侧握女士右手，右臂侧平举。

女士右脚原地不动，身体继续右转，右臂胸前屈肘握男士左手，左臂侧平举，重心在右脚。

···· 4拍：男士右脚并向左脚，左臂放至女士身后左侧握女士右手，右臂屈肘握女士左手，重心在左脚。

女士左脚并向右脚，身体在原地自转，左右臂屈肘交叉于胸前，左手握男士右手，右手握男士左手，重心在左脚。

1拍

2拍

3拍

4拍

第2小节

····1拍：男士左脚向前一小步，左臂屈肘握女士右手，右臂侧平举。

女士右脚向前一步，身体继续左转，左臂胸前屈肘，右臂屈肘握男士左手，重心在左脚。

····2拍：男士右脚向前一小步，左臂屈肘握女士右手，右臂侧平举。

女士左脚向前一步，身体继续左转，重心在左脚，左臂胸前屈肘，右臂屈肘握男士左手。

····3拍：男士右脚向前一步，左臂屈肘握女士右手，右臂侧平举。

女士左脚向前一步，身体继续左转，两臂侧平举，右手握男士左手，重心在左脚。

····4拍：男士右脚并向左脚，两臂屈肘侧平举，左手握女士右手，重心在右脚。

女士右脚并向左脚，两臂屈肘侧平举，右手握男士左手，重心在左脚。

伦巴舞

起源于古巴，被称为“爱情之舞”。它的动作舒展、缠绵、妩媚，具有性感、狂放不羁、浪漫的特质，享有“拉丁舞之王”的美名。

斗牛舞

起源于法国，发展于西班牙。斗牛舞音乐雄壮、舞态豪放、步伐强悍振奋，节奏紧张，是受斗牛活动所影响而演变出的舞蹈。

恰恰舞

起源于中美洲的墨西哥、古巴等地，舞曲热情奔放，舞步花哨利落、步频较快，再加上诙谐风趣，成为舞会、比赛和表演中最热门的拉丁舞种。

牛仔舞

起源于美国，音乐欢快、舞态风趣、步伐活泼轻盈，是一种节奏快、耗体力的舞蹈。

1拍　2拍　3拍　4拍

第3小节

1拍：男士左脚向前一步，左臂屈肘握女士右手，右臂屈肘侧平举。

女士右脚向前一步，身体继续左转，左臂胸前屈肘，右臂屈肘握男士左手，重心在右脚。

2拍：男士右脚向前一步，左臂屈肘握女士右手，右臂侧平举。

女士左脚向前一步，身体继续左转，重心在左脚，左臂胸前屈肘，右臂屈肘握男士左手。

3拍：男士右脚向前一步，左臂屈肘握女士右手，右臂侧平举。

女士左脚向前一步，重心在右脚，左臂侧平举，右臂屈肘握男士左手。

····4拍：男士左脚并向右脚，左臂放至女士身后左侧握女士右手，右臂握女士左手，重心在右脚。

女士右脚并向左脚，两臂胸前屈肘重叠，左手握男士右手，右手握男士左手，重心在左脚。

注意：套环步共有6小节，第4、5、6小节动作与第1、2、3小节相同，但方向相反。

1拍　2拍　3拍　4拍

（五）孔雀开屏步

····准备动作：男女重叠站位，双手相牵。

第1小节

····1拍：男士左脚向侧一步，两臂屈肘侧平举。

华尔兹舞

起源于奥地利，舞曲旋律优美抒情，是典型的绅士淑女舞，风格典雅大方、舞步起伏连绵，舞姿华丽典雅，具有“舞中皇后”的美称。

女士左脚向侧一步，两臂屈肘侧平举。

···· 2拍：男士右脚并向左脚，两臂屈肘侧上举。

女士右脚并向左脚，两臂屈肘侧上举。

···· 3拍：男士左脚向侧一步，两臂屈肘上举握女士手。

女士左脚向侧一步，两臂屈肘上举，手掌外翻。

···· 4拍：男士右脚并向左脚，两臂上举握女士手，重心在左脚。

女士右脚并向左脚，两臂上举，手掌外翻，重心在左脚。

1拍　2拍　3拍　4拍

第2小节

···· 1拍：男士右脚向侧一步，两臂屈肘由上向下打开。

女士右脚向侧一步，两臂屈肘由上向下打开。

···· 2拍：男士左脚并向右脚，两臂屈肘侧上举。

女士左脚并向右脚，两臂屈肘侧上举。

····3拍：男士右脚向侧一步，两臂屈肘平举握女士手。

女士右脚向侧一步，两臂屈肘握男士手。

····4拍：男士左脚并向右脚，两臂屈肘至腰间握女士手腕，重心在右脚。

女士左脚并向右脚，两臂屈肘放至背后，重心在右脚。

1拍　2拍　3拍　4拍

第3小节

····1拍：男士左脚向侧一步，两臂屈肘侧平举握女士手。

女士左脚向侧一步，两臂屈肘握男士手。

····2拍：男士右脚并向左脚，左臂侧上举握女士左手，右臂侧平举握女士右手。

维也纳华尔兹舞

起源于奥地利的一种农民舞蹈。舞曲旋律流畅华丽，节奏轻松明快，舞步平稳轻快，翩跹回旋，热烈奔放，舞姿高雅庄重。

快步舞

起源于美国。舞曲明亮欢快，舞步轻快灵活，动作伶俐、轻快、跳跃感强，是一种轻快欢乐的舞蹈。

狐步舞

起源于黑人舞蹈，如同狐狸走路，轻柔悠闲，流畅平滑，步幅宽大，舞态优雅从容，似行云流水。

女士右脚并向左脚，左臂侧上举握男士左手，右臂侧平举握男士右手。

····3拍：男士左脚向侧一步，左臂侧上举握女士左手，右臂胸前屈肘握女士右手。

女士右脚向侧一步，左臂侧上举握男士左手，右臂屈肘侧平举握男士右手。

····4拍：男士右脚并向左脚，左臂上举握女士左手，右臂胸前屈肘握女士右手。

女士右脚并向左脚，重心在左脚，左臂上举握男士左手，右臂侧平举握男士右手。

注意：孔雀开屏步共有6小节，第4、5、6小节动作与第1、2、3小节相同，但方向相反。

1拍　　2拍

探戈舞

起源于阿根廷民间，舞步顿挫有力、潇洒豪放；身体无起伏、无升降、无旋转；表情严肃，有左顾右盼的头部闪动动作。

3拍

4拍

二、舞步组合

····动作1：侧踏步（2次）、左右横移步（2次）、侧踏步（2次）、套环步（2次），共做2遍。

····动作2：侧踏步（2次）、三步转（1次）、侧踏步（2次）、套环步（1次）、左右横移步（1次），共做2遍。

····动作3：侧踏步（1次）、孔雀开屏步（1次）、侧踏步（1次）、牵手转（1次）、套环步（1次）、侧踏步（1次），共做3遍。

····动作4：侧踏步（1次）、左右横移步（1次）、套环步（1次）、侧踏步（1次）、牵手转（1次）、套环步（1次）、孔雀开屏步（1次），做4～5遍。

伦巴舞步组合

参考曲目

····《万水千山总是情》《雾里看花》《摇太阳》

评价标准

等级	优秀（85~100分）	良好（75~84分）	合格（60~74分）
标准	能熟练地完成伦巴舞舞步的组合动作，双人舞姿配合默契、优美，富有表现力，动作与音乐融为一体	能较好地完成伦巴舞舞步的组合动作，节奏准确，姿态优美，音乐配合较好	基本完成伦巴舞舞步的组合动作，有一定的节奏感，姿态较好，能与音乐配合

想一想

1. 你最喜欢哪种舞蹈？哪种舞蹈你跳得最好？
2. 跳好伦巴舞的关键动作有哪些？

第四章
拓展项目

概述

本章介绍了瑜伽、街舞和普拉提这三个当今流行于我国的运动项目。

瑜伽是世界上较为流行的健身方法之一。它的核心是“健全的精神富于健全的身体”。在这个基础上实现身心和谐发展。练习瑜伽还有助于提高身体素质，塑造完美体形，舒缓紧张情绪，培养客观冷静、刚柔相济、顺其自然的品质。

配合正确的呼吸方法，普拉提可以锻炼人体深层的小肌肉群，改善身体姿势，达到身体平衡、提高核心肌群的控制能力、加强大脑对肢体、肌肉的支配力。

街舞动作由各种走、跑、跳动作组合而成，并通过头、颈、肩、上肢、躯干等关节的屈伸、转动、绕环摆振、波浪形扭动等连贯组合而成的，各个动作都有其特定的健身效果，既注意了上肢与下肢、腹部与背部、头部与躯干动作的协调，又注意了各个部位的独立运动。

学习要点

- 了解瑜伽、普拉提和街舞的基础知识及它们对身体塑造的意义。
- 掌握瑜伽、普拉提和街舞的基本动作技能和成套练习方法，并能运用这些技能参加活动或表演。
- 培养对形体运动的兴趣，树立正确的审美观；学会欣赏、分析瑜伽、普拉提和街舞的比赛。

基础知识

1. 瑜伽是东方古老的健身术之一，起源于印度，由梵文音译而来，有结合、联合之意。瑜伽是很好的抗压运动。练习瑜伽能使身体机能平衡，促进血液循环，加快新陈代谢，调节呼吸，增强柔韧性，使情绪平和。
2. 普拉提是一项能舒缓全身肌肉及提高身体控制能力的运动项目。其动作设计来源于瑜伽、拳击、舞蹈等体育项目。普拉提运动的妙处就是不受场地限制，同时，它既融入了“刚”——注重身体肌肉和机能的训练，又融入了“柔”——强调练习时的身心合一。普拉提运动在注重核心力量和身体控制能力的同时，也关注呼吸，是对身体和意识的一个挑战。身心共同的提升对我们来说非常重要，而普拉提就是日常运动锻炼中最好的身心练习方法。而且普拉提动作设计合理安全，同时兼具挑战性，能够帮助我们改善身体姿势，我们的身体将呈现更好的姿态。
3. 街舞是一种民间舞蹈，具有极强的参与性、表演性和竞赛性。街舞大致分为两大类：技巧型和舞蹈型。技巧型街舞要求舞者具有较强的力量、较好的柔韧性和协调性。舞蹈型街舞要求舞者的动作协调，肢体灵活性和具有较强的控制力。街舞有着自己独特的意义与文化，所配备的音乐也有其象征的意义和丰富的文化内涵。

你知道吗？

为什么在印度会产生瑜伽呢？有人分析，这跟印度的自然环境有关。印度天气炎热，人们在森林里练习瑜伽，静心冥思、修身养性，对抵御酷暑湿热有益。正如中国人所说的“心静自然凉”，这种方法深受印度人的喜爱。

第一节 瑜 伽

概述

瑜伽练习强调用鼻子呼吸，平和缓慢的深呼吸可以让紧张的身心松弛下来，同时，不同的瑜伽体位练习也有相应的呼吸方式，有时要求保持某种姿势时需要自然的呼吸，有时则要配合动作屏息数秒钟。瑜伽体位练习是配合呼吸的韵律、围绕脊柱伸展身体，完成各种姿势。方法上强调“动静结合”，通过把感官、身体与有意识的呼吸相配合来实现对身体的控制。经常练习瑜伽的呼吸与动作能够增强我们的身体素质，增进心智和精神的健康。

学习目标

- 了解瑜伽的基本知识，通过学习能完成组合动作，并经常练习。
- 感知瑜伽所具有的美感和运动价值，提高学习兴趣，树立自信。
- 体会在轻松优美的音乐声中自由地呼吸，尽情地伸展四肢，使身体和心灵和谐统一。

学法提示

1. 以赤足在不会打滑的地面或在瑜伽垫上进行练习为佳。
2. 衣着要轻松、舒适，以方便身体自由活动，不受拘束。
3. 合理安排练习的时间，持之以恒地训练才能获得瑜伽练习的益处。如果因缺乏耐心，迫使自己做出与体能不符的难度动作，将会导致受伤。

> 你知道吗?
>
> 呼吸是向肺部运送空气的连续动作。吸入肺的氧气立刻会被送到心脏，再由血液中的红细胞输送到全身，供给所有的细胞、组织、神经、内分泌腺、器官等。
>
> 如果呼吸有问题，身体的循环系统、消化系统、排泄系统都会受影响。
>
> (1) 胸式呼吸：如果觉得鼻腔吸入气体不顺或者量少，可以张开嘴巴帮助呼吸。
>
> (2) 腹式呼吸：初学者用仰卧姿势更容易体会到腹部的收缩和扩张。
>
> (3) 完全式呼吸法：整个呼吸要保证顺畅、轻柔，身体就像波浪一样，从腹腔到胸腔中部再到胸腔上部。

实践与练习

一、常用呼吸方法

(一) 胸式呼吸法

胸式呼吸法是最接近日常的呼吸方法，不过要比日常呼吸更深长和专注，能有效增加肺活量。

····慢慢吸气，感觉胸部、肋骨在慢慢地起伏，气息充满胸腔，保持腹部平坦。呼气，放松胸腔，将浊气排出体外。

（二）腹式呼吸法

腹式呼吸法又称横膈膜呼吸法，通过肺的底部进行呼吸，感觉腹部在起伏，胸腔相对保持不动。

····吸气，缓慢深长地吸入肺的底部，横膈膜下降，腹部膨胀。呼气，将浊气排出体外，腹部向脊柱方向收缩，横膈膜上升。

（三）完全式呼吸法

完全式呼吸法又称“内脏体操”，是将胸式呼吸法和腹式呼吸法结合于一体的呼吸法。

····吸气，将气体缓慢地吸入腹部，腹部膨胀；再继续吸气，将气体吸到肺的中部和上部。呼气，先呼出肺部顶端的气体，然后呼出肺中部的气体，最后腹肌用力向脊柱收缩，将腹腔内气体全部呼出。整个过程胸腔、腹腔呈波浪起伏状。

你知道吗?

现代生活节奏快，竞争激烈，压力较大。当然，适度的压力也是必要的，因为压力可以激发兴趣，振奋精神，使人精力充沛。但是，如果这种压力超过我们所能承受的限度，身体就会感到紧张不适，自身免疫力下降，体力不支，有时还包括心理上的挫败感、肌肉紧张等。

瑜伽包含伸展、力量、耐力和强化心肺功能的练习，能够促进身体健康，有协调整个机体的功能，同时也增加了身体的活力。

参考曲目

····《静湖》《自安之声》

想一想

1. 瑜伽常用的呼吸方法对人体有什么益处?
2. 瑜伽呼吸方法与普通呼吸方法有什么不同?

二、动作介绍

（一）初级姿势

瑜伽初级姿势为拜日式，也叫向太阳致敬式，由12个瑜伽基础动作组成。通常练习瑜伽是从拜日式开始的，可以使身体从头到脚伸展开来，有助于稳定身心，柔软全身，促进血液循环，为后面的练习做好准备，可以有效地避免运动损伤。

练习者可根据自己的身体状况进行练习，熟练掌握每个动作以后，再连贯地完成。在练习的过程中，要保持呼吸顺畅，不可以闭气，每天需要重复练习3~5次。如果开始达不到动作要求，也不要过于用力，勉强自己。只要充分地伸展自己的身体，就能达到练习效果。

1. 祈祷式

····自然站立，两脚并拢，双手合掌于胸口，正常地呼吸。

2. 展臂式

····吸气，手臂上举，靠近耳朵两旁，向上拉伸脊柱，上半身尽量向后仰，伸直手臂。

3. 前屈式

····呼气，上体向前向下屈，头部自然下垂，双腿伸直。上体向双腿靠近，双手手指或手掌接触地面。

4. 骑马式

····吸气，右腿屈膝，将左腿向后退一步，左膝以下全部着地。臀部下沉，双手扶地面，保持臀部、背部、颈部在同一条直线上。然后，慢慢地后仰上体，抬头向上看，双手手指触地。

5. 斜板式

····收回头部，双手撑地，右腿向后伸与左腿并拢，双腿绷直，屏住呼吸，收紧腹肌、臀肌，挺直脊柱。

6. 八体投地式

····呼气，双手撑地，屈肘，将双膝、胸部、双手、下巴同时着地，臀部微微翘起，身体慢慢地向前伸展。

7. 眼镜蛇式

····吸气，双臂撑起上身，慢慢地扩胸，头部自然向后仰，带动脊柱向上向后拉伸。

拜日式

传统上要在大清早太阳刚刚出现在地平面时，就面向太阳做这些姿势，因此得名“向太阳致敬”。动作要缓慢、匀速，尽量连续完成动作。

功效：促进全身血液循环，加强四肢的平衡感，提高全身各部位的柔韧性。

你知道吗?

如果你在保持某体式时感到体力不支，身体颤抖，应停止练习。

量力而行，适可而止，不应逞强，只要在自己的最大限度之内伸展肢体即可。

瑜伽初级姿势

祈祷式 　展臂式 　前屈式

骑马式 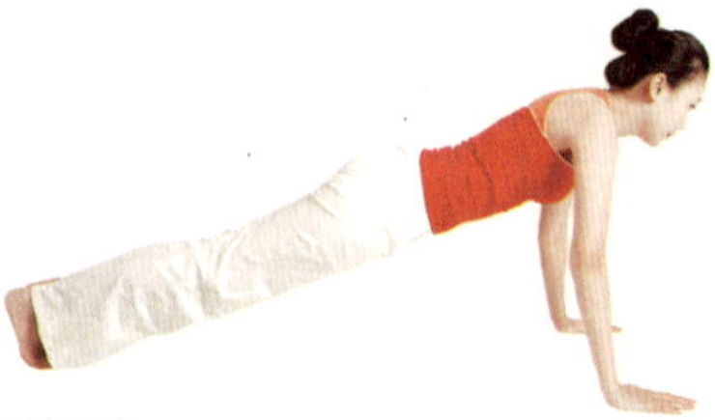　斜板式

八体投地式 　眼镜蛇式

8. 顶峰式

····呼气，前脚掌踩地，慢慢地提起臀部，头部处于双臂之间，双臂伸直，向后压肩，舒展背部，脚跟尽量着地，双腿伸直，充分拉伸腿部后侧肌肉，身体从侧面看呈倒“V”形。

9. 骑马式

····吸气，左脚向前迈一大步，右膝以下全部着地。臀部下沉，双手扶地面，保持臀部、背部、颈部在同一条直线上。然后，慢慢地后仰上体，抬头向上看，双手手指触地。

10. 前屈式

…… 呼气，收回右腿与左腿并拢站直，上体向前向下屈，头部自然下垂，上体逐渐向双腿靠近，双手手指或手掌接触地面。

11. 展臂式

…… 吸气，手臂上举靠近耳朵两旁，向上拉伸脊柱，上半身尽量向后仰，伸直手臂。

12. 祈祷式

…… 呼气，上体还原直立，双手合掌于胸口。

顶峰式　骑马式

前屈式　展臂式　祈祷式

（二）中级姿势

1. 坐山式

…… 莲花坐姿势，挺直腰背。

…… 吸气，双手十指交叉，双臂向上伸展，高举过头顶，掌心

> **你知道吗?**
>
> 现代瑜伽融入现代的运动和健身元素，有了新的发展，出现了各种类型的瑜伽。在《薄伽梵歌》一书中曾提到3种瑜伽：“智瑜伽”“业瑜伽”和“信瑜伽”。此后又产生了王瑜伽、高温瑜伽、排毒瑜伽、纤体瑜伽、水上瑜伽、办公室瑜伽、亲子瑜伽、双人瑜伽、产后瑜伽等。

向上，尽量将双臂向上伸展。

…· 呼气，低头，下巴靠近锁骨，呼吸两次，背部挺直。

坐山式

如果莲花坐不能达到示范标准，可以选择简易坐。

功效：缓解肩部的僵硬和风湿痛。

坐山式

2. 脊柱扭动式

脊柱扭动式

每次扭转脊柱时，尽量保持腰背挺直，不要含胸。

功效：伸展脊柱，有助于缓解轻度背痛；预防驼背。

…· 坐姿，两腿向前伸直，然后让右脚贴近左大腿的内侧。

…· 将右脚放在左膝外侧，整个脚掌着地，挺直腰背。左臂肘关节顶住右膝外侧，右臂伸向背后。

…· 自然呼吸，右手向后放在尾椎骨后方，尽量将头向右转，从而依次扭转脊柱。保持这个动作10秒钟左右。

…· 呼气，以相反的顺序还原，重复练习（方向相反，动作相同）。

脊柱扭动式

3. 猫式

····成“四脚”板凳姿势跪立在垫子上，两臂与肩同宽。

····吸气，抬头、挺胸、塌腰、提臀，眼睛向上看，肩部放松，手臂伸直。保持动作6秒钟。

····呼气，低头、含胸、拱背，收紧腹部。保持动作6秒钟。

····吸气，将身体还原成初始姿势。

猫式

4. 三角伸展式

····自然站立，两脚并拢。

····两脚开立，脚尖稍向外展。

····吸气，两臂侧平举，掌心向下，右脚脚尖打开90度。

····呼气，上体向右侧弯至单手指尖或手掌触地，两臂垂直于地面，形成一条直线。

猫式

腰腹部下沉时，头部和肩膀尽量抬高，提臀。背部拱起时，背部应充分拉伸，有紧绷的感觉。

功效：使背部更富有弹性，改善血液循环；有助于消除女性月经痉挛的痛苦。

三角伸展式

要保证腿部伸直，全脚掌着地。如果柔韧性不够的话，可以让右手放在踝关节或小腿上，双臂垂直于地面。

功效：帮助消除腰部和大腿的赘肉，预防便秘。

三角伸展式

5. 树式

···· 自然站立，两脚并拢。

···· 屈右腿，将右脚放在左大腿内侧。

···· 双手胸前合掌，保持身体平衡。

···· 吸气，双臂向上伸直，高举过头，眼睛向前看，保持呼吸3次。还原，重复练习（方向相反，动作相同）。

树式

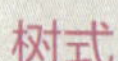

树式

练习时，一定要集中注意力。腹部用力。功效：增强人体平衡能力；伸展脊柱，增强踝关节力量；强化腿部、胸部、背部的肌肉。

6. 船式

····仰卧，两腿伸直，两臂平放于身体两侧，掌心向下。

····吸气，将头部、上身、双臂和两腿同时抬起，离开地面，双臂尽量伸直并与地面平行。尽量长时间地保持这个动作。

····呼气，将上身躯干和两腿慢慢放回原地，还原到初始姿势。

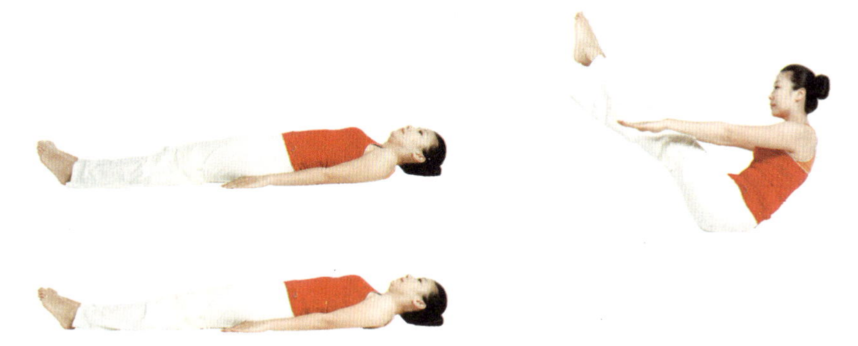

船式

船式

如果两腿伸不直或控制不住，可以先采取屈腿做。

功效：促进肠道蠕动，改善消化功能；增强腰腹部肌肉，强健背部。

7. 门闩式

····跪立，双膝、双踝并拢。

····将右腿向右侧伸直，左膝不动，右脚与左膝处于同一条直线上。

····两臂侧平举，与地面平行。然后呼气，将躯干向右侧腿弯屈，右臂伸向右腿，右手放在脚踝或胫骨上。

····左臂向上举，贴近左耳，尽量向下压，充分拉伸左侧腰腹肌肉。保持这个动作15秒钟以上。还原，重复练习（方向相反，动作相同）。

门闩式

保证膝关节伸直并且脚和膝关节在一条直线上。

功效：充分拉伸大腿、手臂和侧腰，减脂塑身。

瑜伽中级姿势

门闩式

（三）高级姿势

1. 鸟王式

···· 自然站立。

···· 左臂肘关节放在右臂肘关节上方，让左臂缠住右臂，双手合掌。

···· 右大腿后侧贴在左大腿前面，右脚勾住左小腿，左脚保持平衡10秒钟。还原，重复练习（方向相反，动作相同）。

鸟王式

练习时，集中注意力。如果腿部僵硬或脂肪过多，绕不过去，可以先采取脚尖点地。

功效：发展平衡感和协调性；防止和消除小腿肚抽筋。

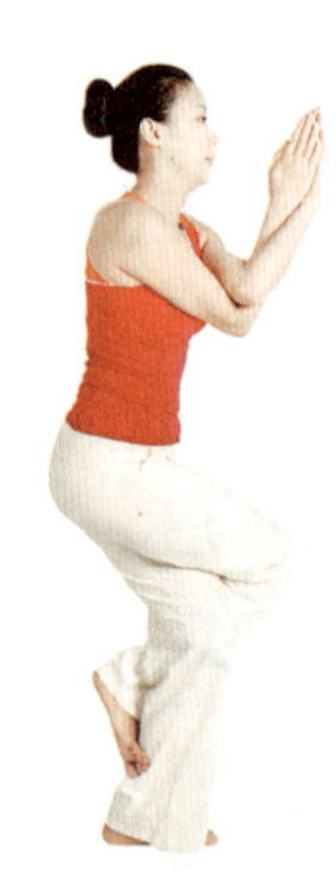

鸟王式

2. 顶礼式

···· 双脚开立到最大程度。

···· 呼气，弯腰，双手撑于地面，头部自然下垂，两腿伸直，双脚、双手和头部几乎在同一直线上。

····吸气，抬起双臂，双手于背后合掌，指尖指向上方。
····扭转手腕，指尖指向头部。保持这个动作20秒钟，然后按相反顺序还原至初始姿势。

顶礼式

顶礼式

不能在饭后立即就做。有头晕症状的练习者，应先咨询医生。

功效：增加对上身躯干和头部的血液供应，促进面部的血液循环，紧致肌肤。

3. 弓式

····俯卧，两腿伸直，两臂平放于身体两侧，掌心向下。
····慢慢屈膝，双手向后抓住双脚的脚背。
····吸气，将上半身和双腿向上拉伸。保持这个动作5秒钟。

弓式

弓式

患有甲状腺肿大、脊柱关节错位、疝气、胃溃疡和肠结核病的人，如果没有医生的许可，不能做这个动作。

功效：缓解腰椎间盘突出；减少腰、大腿、手臂脂肪。

肩倒立式

起初练习，有可能倒立不起来，可采取靠墙练习。

倒立动作，不适宜在女性月经期间练习。

功效：对治疗月经不调有好处；减轻腿脚浮肿；能有效地缓解过度紧张、失眠、头疼等症状。

4. 肩倒立式

···· 仰卧，两腿伸直，两臂平放于身体两侧，掌心向下。

···· 两腿并拢，慢慢抬起，使两腿垂直于地面。

···· 吸气，两臂轻轻向下按保持平衡，髋部向上提起，将两腿向头部的方向伸展，脚尖落在头部的上方。

···· 两手托住腰部的两侧，撑起躯干，两腿尽量向上伸直。保持这个动作6秒钟。

肩倒立式

5. 鸽子式

···· 坐姿，双腿向前伸直并拢。

···· 屈左腿，将左脚放在右大腿根内侧，右腿向右外侧伸直。

···· 抬起右脚，用右臂肘关节夹住右脚尖，双手在前方勾手互握，挺胸、收腹。保持这个动作10秒钟。还原，重复练习（方向相反，动作相同）。

鸽子式

6. 舞蹈式

···· 自然站立。

···· 重心放在左脚上，右手抓右脚踝，左手上举。

···· 吸气，左手向上伸展，收紧腹部，慢慢地放低上身，右手用力拉起右脚，呼气，眼睛看向左手指尖方向，调整呼吸，保持平衡5秒钟。还原，重复练习（方向相反，动作相同）。

舞蹈式

鸽子式

鸽子式要求人体柔韧性非常好。练习者应循序渐进，以免拉伤。

功效：防止臀部下垂，矫正腰椎异常；拉抻脚背，减少大腿和腹部脂肪。

舞蹈式

舞蹈式是高难度的平衡动作，要体会腰、背和臀部的力量来帮助直立腿控制平衡。练习时，集中注意力。

功效：扩张胸部，美体塑身；增强腰腹部肌肉力量；强化肝、肾功能；提高掌握平衡的能力。

瑜伽高级姿势

练习方法

- 练习瑜伽的最佳状态是空腹或饭后完全消化以后，每次练45分钟为宜，最好每两天练习一次。
- 瑜伽动作千万不可达到极限，灵活和力量必须缓慢、持久地提高。
- 在练习中要不断使肌肉放松，这样可使紧张与放松能够达到平衡，避免运动损伤。
- 练习瑜伽时必须保持安静，避免交谈和心理活动。可以播放轻松的乐曲，使身心专注集中。

参考曲目

····《花溪》《森林之月》《醉了自醉》《卡布里的月光》《追梦人》《Indian Dreams》

评价标准

等级	优秀（85 ~ 100分）	良好（75 ~ 84分）	合格（60 ~ 74分）
标准	熟练掌握多种瑜伽动作和呼吸方法，动作标准、流畅，平衡感好，循序渐进地进行练习，避免运动损伤，并能将所学知识运用到平时的生活及学习中	掌握多种瑜伽动作和呼吸方法，动作较标准，能够循序渐进地进行练习	基本掌握多种瑜伽动作和呼吸方式，能够自己进行练习

想一想

1. 为什么拜日式又称“向太阳致敬”？
2. 女生月经期不宜练习哪些瑜伽动作?
3. 瑜伽动作都有哪些功效?

第二节　普拉提

概述

普拉提运动是以德国人约瑟夫·休伯特斯·普拉提的姓氏

命名而来的。普拉提夫妇共创造了500多个动作。普拉提也可称为“控制术”，它主要是配合正确的呼吸方法，锻炼人体的小肌肉群，改善身体姿势和形态，使身体平衡，提高核心肌群的控制能力，加强大脑对肢体、肌肉的支配力。

学习目标

- 掌握普拉提的基本呼吸方式，了解基础动作的练习原则，学会普拉提的单一体式和相关联的体式。
- 提高对动作的控制力，锻炼脊柱的灵活性，改正不良姿态，增强小肌肉群的协调性。
- 通过训练缓解日常工作或学习压力，促进身心健康发展。

学法提示

1. 学会普拉提运动的原则：专注、呼吸、控制、精确、中心、流畅。
2. 练习时，动作应流畅，速度均匀，减少关节压力。
3. 练习时要理解不同动作练习的方式和目的。强调呼吸方式的重要性。
4. 创造轻松、温馨的练习空间，有助于提高学习的专注力，更好地掌控自己的身体。
5. 将脊柱作为身体的中轴线，在运动过程中保持脊柱的延伸，发展强壮、稳定，富有柔韧性的核心力量。
6. 在练习时注意感觉身体运动部位的变化，有意识地收缩需要锻炼的肌肉，保持紧张感。
7. 可以与同伴一起练习，分享练习心得和身体感受。

> 你知道吗?
>
> 普拉提运动安全、简单易学，训练效果明显，在运动过程中能合理调动、排列骨骼，调整体式姿态，帮助我们形成正确的身体姿势。

> 你知道吗?
>
> 起初的普拉提训练主要以一对一的教授方式出现在专业健身工作室。近10年才开始逐渐以操课的形式进入到大众健身俱乐部及竞技体育领域。
> 此外，许多舞蹈团体都以普拉提作为辅助体能训练及康复性训练方式。

实践与练习

一、呼吸方式

1. 横向呼吸

····（站姿、坐姿或仰卧中立位）双手放在胸腔两侧肋骨旁。

你知道吗？

“四足支撑（跪姿中立位）”是普拉提练习中重要的起始体位，指弯屈双膝跪地，双手在前支撑的姿势。

吸气时，胸腔扩张，肋骨向两侧横向打开，腹部不要向外鼓起，放松肩部，保持下沉。呼气时，肋骨放松下降还原靠拢。

站姿

坐姿

仰卧中立位

你知道吗？

约瑟夫·普拉提认为：躯干或核心是所有运动的起点，只有核心强壮才能产生有效的力量。

2. 肋间呼吸

····一只手放在胸廓上，另一只手放在腹部。吸气时，肋骨张开外扩，呼气时，感受肋骨向中间收拢下滑。下侧手去感受腹部有控制的微微内收，同时感受盆底肌的收缩与上提。

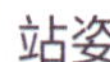

站姿

坐姿

仰卧中立位

二、基础动作

1. 轴心盒子

····人体肩膀两端和骨盆两端这4个点以直线相互连接形成一个方形“盒子”，称为“轴心盒子”。维持“轴心盒子”的对称可以纠正不良的身体姿态。

2. 骨骼排列

骨骼排列是指人体各关节的位置，每个人各自骨骼排列的结果就是姿态。人体正确的骨骼与关节衔接顺序应为：脊柱和骨盆的自然中立位、耻骨联合、骶髂关节、骶尾关节。当关节处于最佳排列时肌肉也处于最佳排列，人体新陈代谢机能也是最好的。

3. 逐节活动脊柱

脊椎骨由7节颈椎骨、12节胸椎骨、5节腰椎骨、1节骶骨、1节尾骨构成。我们可以通过停留、控制和呼吸的配合来掌控各个脊椎骨的弯曲、伸展动作，锻炼每一个脊椎骨，使其具备一定的力量和灵活度。

4. 四足支撑（跪姿中立位）

腕关节在肩关节正下方，膝关节在髋关节正下方，脊柱自然弯度，后脑、中背顶端和骶骨面保持在一条直线上，头部放松，颈部自然地向前舒展延伸，腹部微微上提向内收，肩胛骨有控制地放松。

轴心盒子

骨骼排列

逐节活动脊柱

四足支撑（跪姿中立位）

你知道吗？

“双手划圈”在于以核心部位带动双臂的运动。手臂避免僵硬的绷直，练习时应如同打太极一样，不要只注意“形”的演练，要理解动作后，注意呼吸的配合，不要做得太快。

核心肌肉群

核心肌肉主要是围绕我们身体躯干中心的那些肌肉群，这些肌肉群是保持身体稳定和力量的源泉，包括了胸腔以下到臀部之间的肌肉群。身体核心是身体动力的中心，是身体运动的起点。

三、成套动作

1. 双手划圈

····保持“背壁站立”，两肩放松下沉，稍后压，靠近墙面，双手自然放松，放于身体两侧。

····吸气，缓缓向前举起双臂，与肩同高，肘关节放松，呈自然弧线状。除手臂以外，身体保持不动。然后呼气。

····吸气，向上打开双臂，双臂保持在视线之内，体会颈部拉长的感觉。

····呼气，双臂慢慢放下，还原。

双手划圈

注意：

（1）动作幅度因人而异，但始终要保持肋骨与墙面的接触不动。

（2）动作和呼吸协调配合。

（3）抬起手臂时，不要耸肩，肋骨不要外翻。

2. 向下卷动

····“背壁站立”，双肩放松下沉，稍后压，靠近墙面，双手自然放松，放于身体两侧。

····吸气，头上顶，拉长脊椎；呼气，身体向下慢慢卷动，低头，下颌靠近身体，双肩放松，两臂自然垂于身体两侧稍前位置，感觉腹部呈被挖空状，骨盆向上提，上背部逐渐离开墙壁。

你知道吗?

要达到全面健康，必须通过运动、合理的饮食、良好的卫生和睡眠习惯以及生活、工作、娱乐和休息之间良好的平衡。

普拉提作为一项强调身体控制的运动，除了设计了多种动作外，更注重平衡生活、协调身心的概念。

双手划圈

你知道吗?

练习普拉提时，应身心合一，不要单纯追求力量或者速度快，必须要专注地去做动作。

向下卷动

····吸气，收缩骨盆底肌和腹部，继而带动身体向上卷动到开始位置。

向下卷动

注意：

（1）背部可以贴紧墙面，感受脊椎的逐节运动，逐步拉伸每一个脊椎关节。

（2）练习时，一定要放松肩部、颈部和背部。

（3）卷动的速度不要太快，速度应均匀。

3. 坐姿脊柱旋转（螺旋十字）

····身体成直角坐，脊椎向上伸展，两腿并拢前伸，脚尖向上，同时两手侧平举，向两侧自然伸展，掌心向下。

····采用鼻式呼吸方式。吸气时，头向上继续虚顶，呼气时，上体向右扭转，手臂保持侧平举，扭转幅度逐渐加大。

····吸气，上体旋转回到开始的位置，身体重心也回到坐骨的中间。

····呼气，上体向左扭转。

····吸气，上体旋转回到初始姿势。

你知道吗？

“向下卷动”是普拉提中非常经典的“脊椎的逐节运动”。这个动作可以逐步拉伸每一个脊椎关节，达到放松颈、肩、背部的目的。

坐姿脊柱旋转

你知道吗？

“分腿滚动”需要身体轴心的动态控制力，难度在于身体要在一个平面前后滚动，而不能左右摇晃，否则就难以回到“V”字平衡状态。练习这个动作能够提高骨盆的稳定性，增强身体核心的控制力和协调能力，有按摩背部和脊椎骨神经的作用。

坐姿脊柱旋转（螺旋十字）

注意：

（1）练习时，双腿均匀用力；旋转时，坐骨保持不动，流畅和缓地扭转上体。

（2）如果肌肉柔韧性不足，可加高坐垫，或微微弯屈膝关节。

（3）旋转脊椎时，身体有意识地向上拉伸，拉伸大腿后侧的肌肉，伸展每一节脊椎间的空间，并增加脊柱的扭转能力，强化核心力量。

（4）在保持脊椎向上伸展时双肩放松。

分腿滚动

4. 分腿滚动

····坐在垫子上，屈膝，双手握住脚踝，膝关节外展，两脚并拢。

····身体向后微微倾斜，脚离开地面，平衡点在坐骨和尾骨的中间位置。

····向上缓慢伸直双膝，双腿分开与肩同宽，身体呈“V”字形，挺胸直背，眼看前方，保持平衡。

····吸气，收缩腹部，稍弓背，身体向后滚动，肩胛骨不要着地，保持手臂伸直，两腿呈“V”字形。

····呼气，向前滚动，回到“V”字形坐姿的平衡点，再次伸直脊柱，挺胸沉肩，不要弓背。

注意：

（1）可以降低难度，不前后滚动，只利用这个姿势练习平衡。

（2）如果不能抓住脚踝，双手可以放在膝盖后或握住小腿，但要保持膝盖弯屈角度不变；还可以用双手食指和中指并拢分别勾住两侧大脚趾。

（3）颈椎、尾骨或背部有伤时，请谨慎练习。

（4）保持肩膀下沉，脖颈拉长；每次当回到“V”字形时，找到平衡点并稍作停留。

分腿滚动

百次拍击

你知道吗?

“百次拍击”是普拉提的经典动作。通过练习这个动作，身体将得到充分的热身，并且在练习过程中深层次、完全的肺部呼吸，将有效促进血液循环。

5. 百次拍击

···· 仰卧，深吸气，两手放在身体两侧，膝关节弯屈，两脚平放于地面，脚后跟与坐骨结节在一条直线上。

···· 呼气，收紧腹部，双脚离地，屈膝、屈髋成90度。

···· 吸气，手臂上举，呼气，手臂缓缓下落至身体两侧，同时依次卷起头、肩和肩胛骨，且肩胛骨的最低点不离地，保持背部稳定。

···· 保持身体动作不变，吸气，拍击手臂5次，保持躯干稳定和手臂伸直。呼气，再拍击手臂5次。

注意：

（1）应避免颈部过度紧张，否则会造成颈部的疼痛。

（2）保持躯干和背部的稳定，收紧腰腹部，强化腹部肌肉；加强呼吸和动作的协调配合，提升肩带的稳定性。

百次拍击

6. 卷腹旋体

···· 仰卧，脊椎处于自然中立位，屈膝成90度，两腿分开约一拳的距离，双手交叉置于头后。

你知道吗？

“卷腹旋体”动作是在胸部抬起练习的基础上加上了转体动作，要求积极地收腹，始终保持动作和呼吸节奏的稳定。

卷腹旋体

····呼气，收缩腹部，将头部和肩部按顺序离开垫子，直至肩胛骨下角刚好触及地面，目视肚脐方向，同时微微收紧大腿内上侧肌肉和腹部肌肉，收腰、两腿间距离保持不变。

····吸气，收缩腹部斜肌，转动身体。

····呼气，舒展脊椎，还原身体，保持头部和肩部的高度。

卷腹旋体

你知道吗？

筋膜是遍布全身的组织系统，是全身张力传递的网络基础。筋膜在肌骨动力学中扮演重要的角色：自动调节以适应张力和拉力，对人体稳定和运动有重要贡献。

注意：

（1）呼气时，腹部不能向外凸出，骨盆不能后倾借力。将肋骨向两侧分开，躯干保持不动，不要耸肩。

（2）骨盆始终保持不动，腹部向内收缩，肩膀下沉放松。

（3）当转动的时候，骨盆不要移动，下背部控制稳定，贴紧垫子。

（4）在练习过程中，注意动作的准确性，以有效加强腹部肌肉的力量，并增强骨盆的动态稳定性。

7.“V”字形悬体预备式

“V”字形悬体预备式

····仰卧，两脚抬离地面，弯屈膝关节，小腿前伸平行于地面，两臂上举后，伸越过头部。

····吸气，身体向上卷起，使背部离开垫子，手臂伸向腿部，直到身体坐起，挺直背部，成“V”字形坐姿，眼睛注视前方。

····呼气，两臂向上举，上体慢慢地回到初始姿势。

注意：

（1）“V”字形坐姿时，须保持下背部在中立位，平衡点在坐骨和尾骨之间，腹部肌肉和背部肌肉用力相同。

（2）此练习强调的是身体控制力和身体各部分的协调能力，肩部和脸部肌肉应放松，流畅地完成动作，以便于正确的使用肌肉。

（3）在练习过程中，注意动作的准确性，收紧腰腹部，增强腿部和髋屈肌群的力量，增加身体的平衡感、协调性及核心动态稳定的控制。

“V”字形悬体预备式

空中瓶塞

8.“空中瓶塞”（“立地旋风”“开瓶式旋转”“螺丝椎式”）

····仰卧，屈髋举腿伸直，大腿垂直于地面，双手置于身体两侧，紧贴地面。

····吸气、呼气，身体保持稳定不动，双腿并拢向左或向右侧划圈。

注意：

（1）练习时，必须保持躯干的稳固，将骨盆固定于自然中轴的位置，以小腹部来带动双腿动作。

（2）初学者可以先做小幅度旋转，随着控制能力的增强，再逐步增加幅度。

（3）在练习过程中，注意动作的准确性，收紧腰腹部和臀部，达到修饰腿部线条，增加脊柱灵活度，强化腰腹部核心的支持和控制能力的目的。

你知道吗?

通过锻炼保持身体活力可以为怀孕做好心理和身体准备，将分娩期间受伤和遭遇困难的风险降到最低。而普拉提被许多人认为是孕期较有益和有效的锻炼手段。

超越卷动

你知道吗?

在练习“单腿上踢”动作时，应始终保持颈部伸长，前臂压向垫子，腹部收缩，肚脐往上提起，肩膀下沉并保持肩膀的宽度，整个下背部呈现出微小缓和的弧线。

空中瓶塞

9. 超越卷动

···· 仰卧，两臂放于身体两侧，两腿并拢举起与地面成60°角，脚尖向前微微外旋，肋骨和腹部不要向上凸起。

···· 吸气，继续向上提起两腿，卷起下背部离开垫子，两腿伸向头部直到腿与地面平行。上臂压垫，在肩关节上方保持平衡，肩关节放松，不要耸起。

···· 呼气，两腿保持伸直与肩同宽，脚尖向下。保持颈部后侧的延长感，不要挤压脖颈。

···· 吸气，收缩腹部，两腿分开与肩同宽，引领逐节脊椎卷回，动作流畅稳定，上臂压垫，肩关节和上臂不离开垫子，后绷脚并腿，停留在60°角，不弓背。

超越卷动

注意:

（1）在练习过程中，注意动作的准确性，以提高反向核心控制力、脊柱屈曲程度和协调能力。

（2）在动作的最高点时，躯干几乎垂直于地面，两腿平行于地面，柔韧性较好的练习者可有控制地使两腿向地面放低一点，但要保持背部稳定，在回卷时则应细细体会脊椎逐节回落的感觉。

（3）强化练习核心力量和控制能力，并学习如何稳定肩关节。

10. 侧卧抬腿

侧卧抬腿

···· 侧卧，头部、躯干与垫子的后侧边缘对齐，双腿并拢，髋部微屈，与躯干成30°角，肘关节支撑在垫子上，手支撑住头部，另一只手胸前支撑，肩、髋部垂直于地面，双腿外展，足背屈曲，脚趾抵住垫子。

···· 吸气，身体保持不动，沉肩收腹。呼气，运用腰腹部力量将双腿抬高，在空中停留2～3秒，肩、髋部保持固定。

···· 呼气，有控制地慢慢放回地面。

注意:

（1）练习时上身躯干应该保持不动，除了核心区域的肌肉，尽量不用躯干部位的肌肉发力。

（2）手臂压垫，尽量不要用手臂的肌肉发力。

（3）提高躯干和骨盆在侧卧时的稳定性，强化侧腹部肌肉，收紧和加强臀部和大腿肌肉。

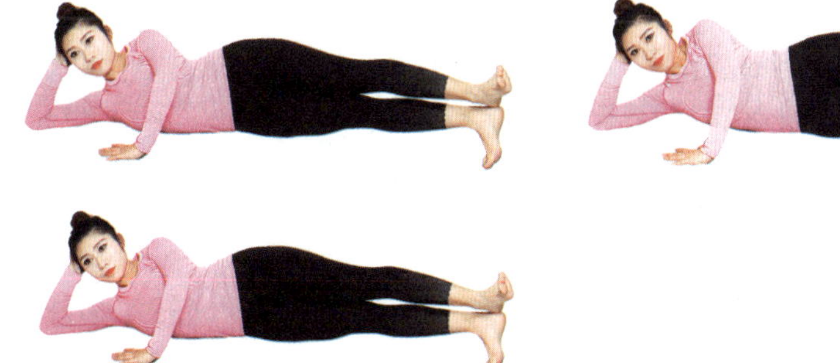

侧卧抬腿

你知道吗?

普拉提“蛙泳式”动作将挑战你在身体背伸时的核心稳定性。这个动作除了能加强背部及下腰部的力量，还更有助于伸展脊椎，拉伸肩部。

单腿上踢

11. 单腿上踢

···· 俯卧，屈肘，上臂垂直于地面，肘关节与肩关节成一条直线，小臂压垫，沉肩抬上体和头部，以掌、拳或手指交叉置于垫上，掌心或拳心相对，肘关节指向外侧，双腿并拢伸直，头部和脊柱在一条弧线上。

···· 用鼻式呼吸，吸气，右膝盖弯屈，脚后跟快速踢向臀部两次，左右腿交替进行。

注意：

（1）踢腿时不要让脚趾转向侧面，保持髋部稳定。

（2）每一个回合吸气、呼气4次，与上踢动作相配合。

（3）通过练习加强肩关节的稳定性；注意伸展大腿肌肉，强化腘绳肌（大腿后侧肌群）。

蛙泳式

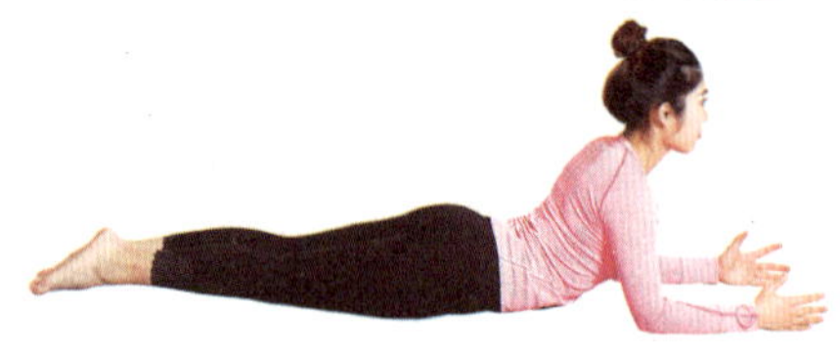

单腿上踢

12. 蛙泳式

···· 俯卧，双手放在额前。

···· 呼气，手臂前伸，不要耸肩。

···· 吸气，双手向两侧打开，手心向后，如同蛙泳中的划水动作，抬起头部和肩部，体会延长脊椎的感觉。

···· 呼气，手臂再次前伸，头部和肩部下落，但不要完全落到垫子上。

注意：

（1）在练习中双腿和骨盆要保持固定，收腹，不要塌腰。

（2）稳定肩胛骨，伸展脊椎，打开肩部和前胸，收紧腰腹部。

你知道吗?

普拉提在体式训练方面更侧重于对力量的训练和对肌肉的控制训练，动作连贯性比较强，要求核心部位的稳定性要强。

瑜伽的体式训练对于柔韧、拉伸和平衡上的锻炼要更多一些，对呼吸的配合要求更高一些。最后达到的效果不同。

蛙泳式

13. 海豹拍鳍

····坐在垫子上，双腿屈膝靠近身体，两脚足底靠在一起，膝关节外展，两手由内向外放在脚踝上，收下颌，收腹，背部略成弧形，眼睛平视前方，身体平衡点在坐骨和尾骨间，两脚缓慢离开垫子。

····吸气，身体向后倾倒直至肩胛骨上部着地，找到平衡点，同时两脚快速拍击3次。

····呼气，两脚再迅速拍击3次后，身体还原至开始位置，保持身体平衡，稍稍停留控制。

注意：

（1）在整个练习中，动作要有控制且流畅。

（2）在练习过程中，注意动作的准确性，以达到改善脊柱的伸展性和关节活动能力，提高骨盆的稳定性的目的。加强核心力量控制，锻炼身体的协调和平衡能力。

海豹拍鳍

你知道吗？

普拉提在减脂塑形方面效果显著，同时也具有一定的康复训练的作用。

海豹拍鳍

练习方法

- 从学习呼吸方式入手，每节课练习5~8个动作为宜，4~6次课更换一次练习动作，逐渐增加难度。
- 练习时配以轻缓的音乐。

参考曲目

····《Communication》《Precise movements》（纯音乐）《Specific exercise》

评价标准

等级	优秀（85~100分）	良好（75~84分）	合格（60~74分）
标准	动作标准，有力度，与音乐节奏配合恰当，有感染力，表现力强，积极练习，态度认真，能够和同学合作学习，自觉积极参加锻炼	动作比较标准、完整，学习态度较好，能自觉参加锻炼	动作基本标准，能完成动作，基本按时参加锻炼

想一想

1. 为什么在普拉提训练之前要进行呼吸训练？
2. 在运动中该如何去寻找脊柱的延伸感呢？

第三节　街　舞

你知道吗？

街舞在20世纪70年代被归为嘻哈文化（Hip-Hop Culture）的一部分，具有较强的表演性、参与性和竞争性。

概述

街舞起源于美国黑人社区的舞蹈文化，兴起于20世纪60年代，街头文化是街舞表现的一个重要方面。街舞动作元素十分丰富，由头、颈、肩、上肢、躯干等关节的屈伸、转动、绕环摆荡、波浪形扭动等连贯组合而成，各个动作都有其特定的健身效果，既注意了上肢与下肢、腹部与背部、头部与躯干动作的协调，又注意了各个部位的独立运动。

学习目标

- 了解街舞的基本知识，掌握基础动作、组合动作，发展身体的协调性、柔韧性。
- 了解街舞的特点，掌握下肢动作与躯干、上肢等部位动作的结合，充分表现全身动作的同步性。

- 了解街舞对服饰的个性化要求，在追求时尚、个性化的同时，培养积极向上的生活态度。
- 了解街舞比赛的规则，能观赏街舞比赛，拓展思维、开阔眼界，加深对街舞文化的理解。

学法提示

1. 观摩教师的示范或视频资料，提高对街舞的认知水平，加强对动作概念的理解。
2. 通过科学系统的练习，如动作分解练习、组合练习及与同伴合作练习等，加快学习和掌握动作的过程，增强身体的协调能力，培养身体对节奏的敏感性，提高注意力、模仿力、表演能力、形象思维能力等，培养良好的姿态、气质和意志力。
3. 在学练过程中能够自主选择音乐，培养感受并理解音乐的能力和创造力，开发艺术潜能。

实践与练习

一、基础动作

（一）头部动作

身体直立，双脚与肩同宽，左右摆头。

你知道吗？

以动作形态来看，街舞舞者分两大类：Dancer、Bboy（Bgirl）。

以表演形态来看，街舞舞者分两大类：个人的技巧街舞和集体街舞。

个人技巧街舞是最早流行的一种街舞，有很多地面动作，如翻滚、倒立、弹跳都是难度比较高技巧，观赏性也较高。

集体街舞跳起来比较简单，节奏感比较强，具有一定的健身作用。

（二）肩部动作

····提肩（单肩、双肩交替做），绕肩（向前绕、向后绕交替做）。

注意：绕肩时，可分为两个肩膀同向做前后划圈转动和两个肩膀不同向划圈转动两种。

街舞复合动作

肩部动作

（三）胸部动作

····含胸、挺胸、绕胸。动作顺序为：前→右→后→左，以胸口正中心位置为中心,连续前左后右前右后左转动。尽量不要改变肩膀的位置，用腰部控制下身不动。

你知道吗?

街舞更多强调的是动作的随意性，要求动作松弛，所以练习时要尽可能放松自己的肌肉、关节，让它们更灵活。

胸部动作

（四）髋部动作

····顶髋、绕髋、转髋。动作顺序为：右侧→后侧→左侧→前侧。转动髋部时，重心在双脚中间，髋部整体转动，而不是腰部转动。

髋部动作

（五）膝关节动作

···· 绕膝、转膝。动作顺序为：右侧、后侧（双腿伸直）、左侧、正前。保持踝关节紧张，注意保持上半身前倾。

膝关节动作

（六）踏步

···· 向下踩、向上提膝，膝、踝关节弹性紧张，抬腿同时支撑腿屈膝。

踏步

你知道吗？

中国青少年最早接触街舞，始自20世纪80年代的美国电影《霹雳舞》。当时的霹雳舞（Break Dance）就是Breaking的前身。随着中国青少年对街舞理解的深入，他们逐步回归街舞的本源，以中国青少年自己的眼光和特点来实践街舞。自20世纪90年代中期开始，全国各地青少年已经开始习练街舞。他们还经常组织小型的比赛。

（七）跳

···· 抬膝跳起，左、右脚依次落地。

跳

（八）蹬

···· 抬腿，勾脚尖的前后蹬，膝关节微屈；收大腿，绷脚尖向斜前踢。

蹬

你知道吗?

跳街舞时可穿着篮球比赛服、宽大的T恤、拖地的多兜裤、宽大的牛仔裤、棒球帽、紧身背心、运动鞋等，但在追求时尚和个性化的同时，不要忽视美观。

（九）转身

···· 双腿支撑转身：重心在双腿中间，上身向后侧转动。

···· 单腿支撑转身：转身同时抬动力腿，动力腿膝关节向下。

（十）拖步

···· 前侧脚蹬地抬起，重心在后侧脚；前侧脚迈出，重心移至前脚，后脚抬起，膝关节向下。

转身

拖步

二、组合动作

第1小节

···· 准备动作：放松身体，随音乐节奏随意摆动。

···· 1拍：双臂平举，双脚打开与肩同宽。

···· 2拍：在1拍基础上，左小臂上抬。

···· 3—4拍：右腿膝盖与左手同时向身体中间部位集中发力。

···· 5—8拍：同1—4拍动作，但方向相反。

1拍　2拍　3—4拍

街舞分解动作

5拍　6拍　7—8拍

你知道吗?

街舞基本功练习都需要听着Hip-Hop歌曲来进行。Hip-Hop歌曲基本都是8拍一个小节，拍子有轻有重，中间还会插入碎拍。这需要每个人多听多体会，体会音乐节拍的轻重及音乐所表达的情感，把舞蹈和音乐融为一体，这就是舞蹈的精髓——dance to the music。

第2小节

···· 重复第1小节的动作。

第3小节

···· 1—2拍：双手向两侧出拳，双脚打开同时向侧方向跳步移动。

···· 3—4拍：转身25度，外侧手出拳，内侧手收至腰间。

···· 5—8拍：同1—4拍动作，但方向相反。

第4小节

···· 重复第3小节的动作。

第5、6小节

···· 重复第1、2小节的动作。

1—2拍　3—4拍　5—6拍　7—8拍

第7小节

···· 1—2拍：双手平行落下，单脚向侧方向迈步。

···· 3—4拍：左手平举推掌，右手胸前平举推掌。右脚后跟点地。

···· 5—8拍：同1—4拍动作，但方向相反。

1—2拍

3—4拍

5—6拍

7—8拍

第8小节

···· 重复第7小节的动作。

第9小节

···· 1—2拍：两臂平举，小臂弯屈，双脚交叉跳。

···· 3—4拍：原地向后180度转身，双手落至身体两侧25度角处，双脚打开与肩同宽。

···· 5—8拍：面向后方，重复1—4拍的动作。

1—2拍

3—4拍

5—6拍

7—8拍

第10小节

···· 1—2拍：两臂平举，小臂弯屈，双脚交叉跳。

···· 3—4拍：双手落至身体两侧25度角处，双脚打开与肩同宽。

···· 5—8拍：重复1—4拍的动作。

世界级街舞大赛

KOD（keep on dancing）：代表国内最高水平的街舞大赛，影响力已延伸至海外。

BOTY（Battle of the year）：在德国创办的一年一度的全球性breaking街舞团队系列赛。

街舞成套动作

1—2拍

3—4拍

5—6拍

7—8拍

第11小节

···· 1—2拍：双手体前交叉平举，双脚向两侧打开。

···· 3—4拍：右脚向左45度角方向迈出，脚尖点地，双手侧平举。

···· 5—8拍：同1—4拍动作，但方向相反。

1—2拍

3—4拍

5—6拍

7—8拍

第12小节

···· 重复第11小节的动作。

第13小节

···· 1拍：双手交叉向前，身体微前倾，右脚向前踢出，脚尖向上，腿绷直。

···· 2拍：右脚落地时，双手屈臂平举。

···· 3—4拍：两臂向两侧打开，左脚后退一步脚尖点地。

···· 5—8拍：同1—4拍动作，但方向相反。

第14小节

···· 重复第13小节的动作。

1拍　2拍　3—4拍

5拍　6拍　7—8拍

你知道吗?

练习街舞时所用的音乐是非常有特点的Hip-Hop节奏，所以大家在练习前首先要熟悉并适应音乐的特点和节奏。如果一听到音乐，就可以准确、流畅地踏上步点并与音乐合拍，那便可以开始学习街舞了。

第15小节

···· 1拍：双手握拳向前交叉，右脚前蹬。

···· 2拍：向右后收左脚，双手屈臂平举。

···· 3—4拍：向正后方撤左脚，身体侧转，双手前后平举。

···· 5—8拍：同1—4拍动作，但方向相反。

1拍　2拍　3—4拍

5拍

6拍

7—8拍

你知道吗?

街舞最吸引人之处是以全身的活力展现热情澎湃的激情。经常练习还可以增强全身协调性。街舞属于一种中低强度的有氧运动，有一定的塑形减脂功效。

第16小节

···· 重复第15小节的动作。

第17小节

···· 1拍：双手握拳向前交叉，右脚前蹬。

···· 2拍：右脚落地，双臂屈臂收，身体前倾，重心在右脚，左脚后抬，屈腿。

···· 3—4拍：双手侧平举打开，左脚落地，重心在两脚中间。

···· 5—8拍：同1—4拍动作，但方向相反。

1拍　2拍　3—4拍

5拍　6拍　7—8拍

第18小节

···· 重复第17小节的动作。

第19小节

···· 1拍：两臂打开侧平举，右脚前蹬。

···· 2拍：两臂屈小臂收回，同时右脚收回至左腿膝关节处。

···· 3—4拍：双手前后侧平举，左脚向后撤步，身体侧转。

···· 5—8拍：同1—4拍动作，但方向相反。

第20小节

···· 重复第19小节的动作。

1拍　2拍　3—4拍

5拍　6拍　7—8拍

街舞欣赏

练习方法

- 练习音乐的节奏感应较强，以2/4拍为宜。开始学习时，可以用节奏慢一点的音乐，熟练之后可以用正常节奏或正式表演音乐。
- 在熟练掌握全套动作之后，可以增加队形变换以提高难度。
- 根据动作的编排，可以先尝试找出学习动作的规律，如路线、方向、节奏等，再进行练习。

参考曲目

····《我们不一样》《Club battle》

评价标准

等级	优秀（85~100分）	良好（75~84分）	合格（60~74分）
标准	动作标准，有力度，与音乐节奏配合恰当，有感染力，表现力强，平时积极练习，态度认真，能够和同学合作学习，自觉积极参加锻炼	动作比较标准，力度较好，节奏感较强，表现力较好，学习态度较好，能自觉参加锻炼	动作基本标准，能完成动作，基本按时参加锻炼

想一想

1. 跳街舞时为什么要穿着宽松一些的衣服?
2. 托马斯旋转是街舞动作吗?
3. 跳街舞时身体应该保持哪种状态呢?

参考书目

［1］隆荫培，徐尔充，欧建平.舞蹈知识手册［M］. 上海：上海音乐出版社，1999.

［2］李春华. 古典芭蕾教学法［M］. 北京：高等教育出版社，2004.

［3］熊家泰. 中国古典舞基本训练教材与教法（中专）［M］. 上海：上海音乐出版社，2004.

［4］高洁. 中国舞精选教材［M］. 北京：人民音乐出版社，2000.

［5］孙光言，徐大之. 中国舞基训常用动作选（普及版）［M］. 北京：人民音乐出版社，2008.

［6］赵顺科，符明珠. 大众交谊舞Ⅰ［M］. 成都：成都时代出版社，2008.

［7］赵顺科，符明珠. 大众交谊舞Ⅱ［M］. 大连：大连音像出版社有限公司，2008.

［8］刘光红. 体育舞蹈读本［M］. 北京：人民体育出版社，2006.

［9］常薏，谭华. 形体训练［M］. 北京：高等教育出版社，2010.

［10］教育部基础教育司，教育部师范教育司. 体育与健康课程标准研修［M］. 北京：高等教育出版社，2004.

［11］李世昌. 运动解剖学［M］. 北京：高等教育出版社，2006.

［12］黄晓丽. 形体训练与健美［M］. 长沙：湖南师范大学出版社，2007.

［13］范京广. 时尚健身瑜伽［M］. 北京：北京体育大学出版社，2010.

［14］刘荃莉. 时尚拉丁塑身操［M］. 成都：成都时代出版社，2008.

［15］矫林江. 瑜伽全程自学天书［M］. 海口：南海出版公司，2009.

内容提要

本书是“魅力校园”中等职业学校职业素养系列教材之一，在2010年第一版的基础上修订而成。全书分四章共11节。本书包括四大训练项目：形体基础训练，包括芭蕾舞形体训练和中国古典舞形体训练；啦啦操，包括啦啦操基本动作、舞蹈啦啦操和爵士舞蹈啦啦操；交谊舞，包括基本动作与舞姿、华尔兹舞和伦巴舞；拓展项目，包括瑜伽、普拉提和街舞。本书既有基本功训练内容，又不失流行元素，且内容重点突出，数字化教学资源丰富，能满足广大师生对体育知识、技能学习的需求。

本书适用于中等职业学校的旅游服务类、文秘、空乘、美容美发、礼仪服务等各专业的形体课、体育课，也可供感兴趣的社会读者参考。

图书在版编目（CIP）数据

形体训练基础 / 胡凌燕，李京兰主编．-- 2版．--
北京：高等教育出版社，2019.11（2023.8重印）
ISBN 978-7-04-052751-3

Ⅰ．①形… Ⅱ．①胡… ②李… Ⅲ．①形体－健身运动－中等专业学校－教材 Ⅳ．①G831.3

中国版本图书馆CIP数据核字(2019)第201646号

形体训练基础（第二版）
XINGTI XUNLIAN JICHU

策划编辑 董梦也　责任编辑 董梦也　封面设计 张申申
版式设计 张申申　插图绘制 于　博　责任校对 窦丽娜
责任印制 耿　轩

出版发行 高等教育出版社
购书热线 010-58581118
社　　址 北京市西城区德外大街4号
咨询电话 400-810-0598
邮政编码 100120
网　　址 http://www.hep.edu.cn　http://www.hep.com.cn
网上订购 http://www.hepmall.com.cn　http://www.hepmall.com
　　　　 http://www.hepmall.cn
印　　刷 河北信瑞彩印刷有限公司
开　　本 787mm×1092mm　1/16
版　　次 2010年6月第1版
　　　　 2019年11月第2版
印　　张 13
印　　次 2023年8月第6次印刷
字　　数 230千字
定　　价 42.90元

物料号 52751-A0

读者意见反馈

为收集对教材的意见建议，进一步完善教材编写并做好服务工作，读者可将对本教材的意见建议通过如下渠道反馈至我社。

咨询电话 400-810-0598
反馈邮箱 zz_dzyj@pub.hep.cn
通信地址 北京市朝阳区惠新东街4号富盛大厦1座　高等教育出版社总编辑办公室
邮政编码 100029